嵐を呼ぶ少女とよばれて

市民運動という生きかた

菱山 南帆子
hishiyama nahoko
著

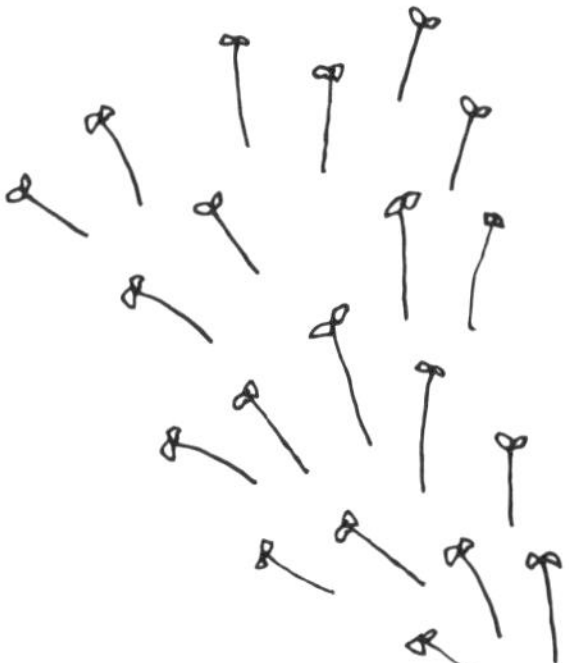

発行＝はるか書房 発売＝星雲社

はじめに

二〇一五年、年も暮れ近くになった頃、「本を書かないか」という話が舞い込んできた。その頃、私は市民集会での発言にとどまらず、いろんな市民団体や労働組合の集まりで話をする機会が増えていた。「どうして闘うようになったのか？　市民運動に対する思いなどを話してほしい」という依頼が多かった。そうした場では必ず、自身の闘いの出発点である小学校でのある出来事から話を始めるようにしてきた。

そもそも私の原点は、「差別はダメ！　戦争は嫌だ！　自由が欲しい！」ということだ。それは万巻の書を読んで得た結論ではない。自分の感性に素直にしたがって行動し、そういう生きかたしかできない自分を時には持て余しながらも、絶対に「手放せないもの」「譲れないもの」として胸に刻み込んできたものだ。そうした思いを伝え表現するには、どうしても小学校での闘いから話をしないわけにはいかなかった。

今、私は「街頭宣伝」を「一つの運動」としてとらえ、全力で取り組んでいる。

誰しもが「戦争は絶対に嫌だよね」「みんなが平等で暮らせるといいよね」と口をそろえて言うけれど、そのために「何かを変えなくては」「声をあげなくては」と、実際に行動に移す人はそれほど多くない。なぜなら、社会への不満や怒りを実際の行動に表すには、とてもハードルが高く、勇気が要るからだ。

私も何らかの行動を起こす時には、いつも弱気の虫と闘っている。挫折（足踏み）も経験してきた。だからこそ、できるだけハードルを下げ、立ち上がるための勇気が自然と湧いてくるような運動をつくらなければと強く思う。そのためにさまざまな試行錯誤も重ねてきた。

そんな私のこれまでの体験や紆余曲折、そして仲間たちと共に取り組んできた数々の創意工夫を紹介することで、市民運動の豊かな可能性を拓くささやかな力になれるのならと思い、「本を書く」ことにした。

市民の一人ひとりが主体的に社会参加し、闘うことを押さえつけようとするこの国の政治風土（文化）。それを、運動することが日常の当たり前の行為で、楽しく希望に満ちたものになるような風土（文化）へと変える。それが私の望みだ。

もちろん、簡単なことではないし、時間もかかる。私たちが街中で訴え呼びかけていても、素通りされたり無視されることも少なくない。でも、私たちの言葉やパフォーマンスによる訴えは、小さな「種」となって、耳や目を通して人の心に届いているはずだ。それが何らかのきっかけによって、芽を出す時が必ず訪れる。

そう確信して、今日も私は、街に立つ。

目次

第1章

私を育んだ町と家族と仲間たち

私は一九八九年四月五日に、東京の八王子市で生まれた。

この一九八九年は、一月八日に「昭和」から「平成」へと元号が変わり、四月には日本で初めて消費税が導入される。国際的には東西冷戦体制の崩壊、ベルリンの壁の崩壊と続き、国内でもバブルが崩壊、総評（日本労働組合総評議会）が解散し、連合（日本労働組合総連合）等の新たな組合組織が発足するなど、歴史の節目となるような年だった。ちなみに四月五日は、「清く明らかで万物が清々しく明るく美しいころ」を意味する「清明」という日だそうだ。

保育園時代の日々

私は、母親が遅くに出産したため、一人っ子だった。両親が共働きで、三歳から保育園児として育った。四月生まれで月齢が高いせいか、保育園では「お姉さん」と言われるような「おませさん」だった。

保育園の近くには、魚肉ソーセージやちくわで有名なニッスイの大きな工場があり、そこに多くの外国人労働者が勤めていた。その人たちの子どもがたくさん保育園に通っていた。卒園まで一緒にいられず、途中で母国に帰ってしまう友だちも少なくなかった。

そこが公立の保育園だったからか、いわゆるシングルの親、おばあちゃんとの二人暮らしなど、いろんな家庭の事情を抱えた友だちや、ダウン症などの障がいを持った子どもたちがいて、保育園という一つの生活の場を共にして暮らしていた。そのことに特段の偏見を持つこともなかった。いろんな家庭、いろんな国の子ども、障がいを持った人たちがいて当たり前だと思っていた。

私が四歳の時から、母は手話を習いはじめた。私はよく母に連れられて、手話サークルの交流会や地元の聴覚障害者協会のクリスマス会、お花見、バーベキュー、山登りなどのイベントに参加していた。そこではろう者のみなさんからいつも、とても可愛がられていた。そして、周りの大人たちの手話を見ているうちに、いつからともなく自然と手話を覚えはじめていた。

親の話によると、私の描いた街の絵のなかには車椅子の人も描かれていたらしい。生活の場には障がい者の方も普通にいて、共に生きているんだという感覚を持っていたようだ。それが、ごく自然なことだと思っていた。

生き物たちとの共生

私は動物が大好きだ。わが家では、私の生まれる前から「クロ」という名前の黒猫を飼っており（そのクロは赤ん坊の私の顔をいつものぞき込んでいたそうで、私が生まれて初めて見たものはクロの大きな顔だったかもしれない）、私には動物のいない生活はまったく考えられない。しょっちゅう、捨て猫や足のない猫、目が見えない猫を拾ってくるため、家は猫屋敷のようになってしまっていた。最も多い時には一三匹も飼っていた。大工さんに頼み、天井近くに部屋を一周

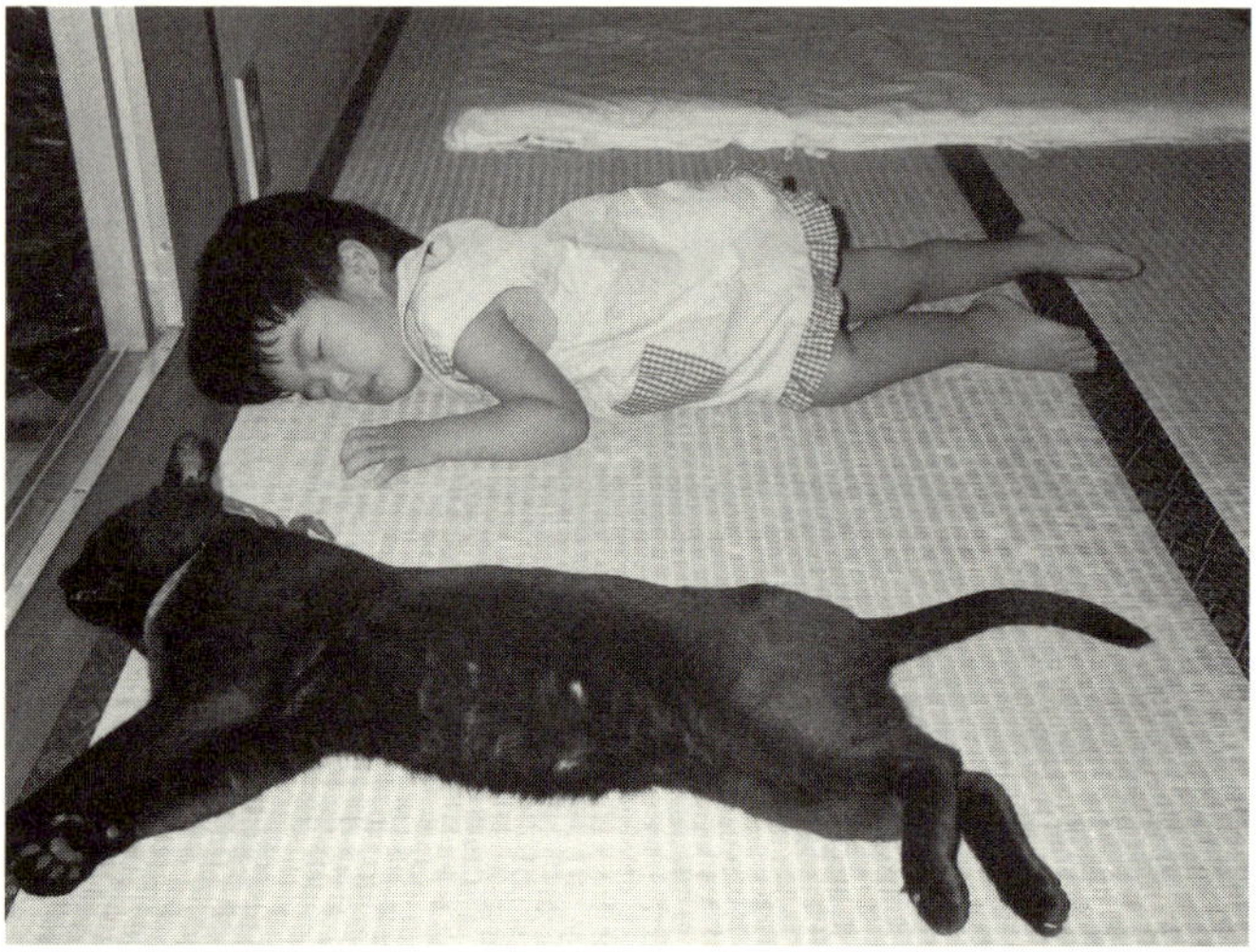

愛猫「クロ」と一緒に、お昼寝

する猫用回り廊下を取り付け、ベランダを猫用サンルームにしてもらった。食事時に猫用の皿を一三枚丸く並べて、そこに一三匹の猫たちが円陣を組むようにして一斉に食べはじめる姿は、壮観と言うしかないものだった。

猫だけではなく、犬や、ウサギ、金魚といつも家には生き物がいた。私の大好きな漫画は『動物のお医者さん』で、小学校の時は漫画の舞台にもなっている北海道大学に行って本気で獣医になろうと思っていたほどだ。母猫から捨てられた子猫を拾ってきては、ミルクから育ててあげたりする日々だった。もちろん、今でも大の猫好きだ。

かけがえのない自然を守りたい

私の住む八王子市は、東京のなかでも一番人口が多い市だ。駅前にはデパートやビルなどが建ち並ぶが、周囲には高尾山などの山々が連なり、自然豊かな町でもある。しかし、盆地のため夏は暑く、冬は非常に寒い。都心と比べて気温が違うため、天気予報では東京と八王子が比較されて報じられることがとても多い。

両親は環境や自然の問題にも関心があり、八王子の高尾山にトンネルをつくって自然破壊をもたらす圏央道建設に反対する運動に参加していた。そのため、私も子どもの頃から関わるようになった。

高尾山麓での反対集会は梅林のなかで行われていた。梅林のなかにはきれいな小川が流れていて、そこでずぶ濡れになるほど遊び、着替えをしてからお弁当を食べ、デモに出ていた。高尾のこの集会には祖父母、両親と家族総出で参加し、とても楽しかったことを覚えている。父の肩車の上で、小さな拳を振り上げてシュプレヒコールをあげていたと親から聞いた。こうした経験は、集会やデモに対する拒否感や抵抗感ではなく、その反対の親近感を持つことにつながっていったと思う。

でも、高尾の山と自然と動物たちを守りたいという市民の気持ちとは裏腹に、だんだんと土地を手放してしまう人が出てきた。そして、あちらこちらにロープが張られ、徐々に集会を行う場所が狭められて、デモをする距離もしだいに短くなっていった。それでも私は、毎年この高尾山の圏央道建設反対の集会とデモには中学生になっても、高校生になっても、親の都合がつかなくて一人で参加することになっても、必ず足を運んだ。

一人っ子の楽しみ方

私は一人っ子で鍵っ子だったので、家ではよく本や映画、録画したドラマを何度も繰り返し見て、一人の時間を楽しみながら過ごした。

国会前に立つ今の私からは想像つかないかもしれないが、意外とインドア派で、気に入った映画や小説は飽きずに何度も観たり読み返したりしてしまう。大好きな三浦綾子さんの『氷点』は、少なくとも年に三回は読んでいる。そのなかでも、私が戦争反対の思いを行動に表すきっかけをつくった本がある。それは妹尾河童さんの『少年H』だ。

小学校三年のある日、母が『少年H』を買ってきてくれた。子どもでも読めるよう全文に振り仮名がふってある。もともと本好きな私は、母が買ってきた本を読むことに何の抵抗感もない。大歓迎だ。

『少年H』は戦争をテーマにした作品で、日本が戦争に突き進んでいくまでのエピソードがリアルに描かれている。主人公の「少年H」が仲良くしていた近所のお兄ちゃんが、共産主義者だとして政治犯（思想犯）で捕まってしまうという、思想弾圧・レッドパージが行われるところから、物語は始まる。

私は当時九歳にして、この政治犯として逮捕されてしまう青年に尊敬や憧れにも似た淡い恋心を抱いた。警察に捕まっても思想を貫こうとする姿勢に惚れ込んだのだと思う。物語のなかで、その後「お兄ちゃん」は最後まで登場することはないのだが、私は気になって仕方がなく、ハードカバーの『少年H』をランドセルに詰め込んで、毎日学校に行っても夢中で読み込んだ。「Hだってよぉ」と本のタイトルを見てからかってくる同級生の男子を横目で見ながら、「だから子どもは嫌なのよ」と、自分も子どものくせに思ったものだった。

学芸会のなかで芽生えた意識

三年生の冬には、学芸会で戦争をテーマにした「ランドセルをしょったおじぞうさん」という劇を行った。この劇は、八王子大空襲（一九四五年八月二日）の直前（七月二五日）に、八王子に疎開していた当時九歳の子どもが米軍の機銃掃射にあって亡くなり、その後、その子の母親がお地蔵さんに息子の面影を見て遺品のランドセルを背負わせてあげた、という実話にもとづいている。そのお地蔵さんは、今でも八王子市泉町の相即寺に祀《まつ》られている。

私は〈村の子5〉というわき役で、セリフも八文字くらいしかなかったが、どんな小さな役にも全力投球の私は、毎日この八文字のセリフを真剣に練習した。〈村の子5〉は、東京から疎開してきた子どもをいじめる役だった。私は、疎開してきた子どもの不安や母親と離れて暮らす寂しさに同情するよりも、村の子の都会の子どもに対するコンプレックスや対抗心などの複雑な感情が怒りに変わってしまう気持ちを想像しながら演じた。

（考えてみれば、保育園の時から演劇が好きで、いつも真剣に取り組んできた。しかし、どう

手づくりの防空頭巾とモンペで、いざ学芸会へ

いうわけか、選ぶ役は屈折したキャラクターが多かった。）

そんな私に、祖母が本格的な防空頭巾とモンペをつくってくれた。戦争当時の地名と名前、血液型が入った名札を縫いつけ終わった時、横でゴロゴロしながら作業を見ていた私の前で、祖母が防空頭巾とモンペに顔を伏せてワッと泣き出した。

「南帆子や孫たちにもう二度と戦争を体験させたくない。防空頭巾なんて二度とかぶらせたくない」

そう言って嗚咽《おえつ》した祖母の後ろ姿を、今も忘れることができない。祖母は、その劇中で主人公の男の子が亡くなる一週間後の八月二日、八王子大空襲のなかを実際に逃げ惑ったのだ。祖母の父親は軍国主義の重圧によって、死に追いやられる。兄は戦地で結核になり、復員しても治らず亡くなってしまう。祖母は戦争によって父と兄を奪われていたのである。

季節は夏の設定なのに、真冬のような重装備の私は完全に周りから浮きまくっていたが、祖母の涙の染み込んだモンペを着て舞台に立った。劇のなかでは本物の空襲警報や銃の音を使用したので、私は実際に戦場にいるかのような錯覚に襲われた。それは素直に、「戦争って怖い」という感情だった。

夏になれば、国語の教科書では戦争の物語が中心テーマになるし、読む小説のほとんどに戦争のことが描かれていた。子ども心にも、人は戦争の影を背負って生きているんだなと、ぼんやり感じていた。しかし、ぼんやりとした「戦争」のイメージは、祖母の涙や体験談、劇などを通して強い実感となっていき、私の「反戦」思想の芽生えにつながっていった。

「異質」の大切さを知る

小学校四年の時の国語のテストで、こんなことがあった。

文章を読んで主人公の気持ちについて記入する問題があり、正解は「悲しくて泣いた」だった。文章には主人公がからかわれる場面が描かれており、私は迷うことなく「腹が立って泣いた」と記入した。当時の担任の先生は、私の解答をいったんは×にしていたが、その×を消して△にし、その△をさらに消して、その横に○がつけられていた。それを見て私はとても感動した。一度は見本の答えと違ったから×にしたものの、「なんで、この子は腹が立って泣いたと書いたのだろう」と想像してくれたにちがいない。そのことがとても嬉しかった。機械的に子どもの気持ちを推し測るのではなく、一人ひとりの子どもに寄り添って、その個性を認めてくれたのだと感じた。

今、『心のノート』や道徳教育などで、「こう感じるべきだ」と子どもの感情までもコントロールして、多様性をつぶしていくような教育が行われてきている。こういう状況が進んでいけば、

「国による国のための子ども」が次々とつくられてしまう恐れがある。その意味でも、先生方の役割はとても大きいと思う。私は、そうした先生との出会いもあって、この頃には先生や親は「絶対的なもの」で「信頼できる」という考えを強く持っていた。

先に述べた「腹が立って泣いた」という私の感覚は、「怒り下手」「立ち上がり下手」といわれる日本人のなかでは少し変わっているのかもしれない。学芸会の役で意地悪な村の子を選んだという点でも、「怒り」という感情のほうが「悲しむ」ことより私にとっては大切だったという点でも、他の子とは受け止め方も考え方もかなり違っていたと思う。子ども心にも自分は「異質」な存在なのでは、と感じていた。高学年になるにつれ、その「異質」に悩んだこともあった。先生からも「菱山さんたち」とよく一括りにして呼ばれたり、何をしても目立ってしまい、どうしたら目立たず平穏に暮らせるのだろうかと思ったこともある。

しかし、ある日、父にこう言われた。「南帆子はそういう星の下で生まれたんだと思えば、辛くない」。励まされているんだか、ごまかされているんだかわからないが、その言葉がきっかけで私は救われた。その後の「突き抜けた生き方」を、自信をもって歩むよう背中を押してくれたのだと思う。

自然を守ろう。動物を守ろう。平和を守ろう。障がいのある人と共に生きよう。表現をしよう。パフォーマンスをしよう。こうした今につながる自分のスタンスの基礎は徐々につくられていった。

第2章

嵐を呼ぶ少女

学級崩壊始まる

先に述べたように私の親や大人や教師に対するイメージは、「絶対的」であり「信頼できる」「正しい」というものだった。

小学校五年生になって、新しく転任してきた年配の女性教師が担任となった。はじめは、私も一生懸命その先生と親しくなろうと努力した。先生と交換日記なども行った。

しかし、二学期に入ると学級崩壊が始まった。この頃、「学級崩壊」という言葉がマスコミなどで頻繁に使われるようになっていた。クラスでは、座らない男の子が続出し、その子たちに担任の先生がかかりっきりになってしまい、しばしば授業はストップ。ある男子は女の子に暴力は振るうし、授業中、脱走して家に帰ってはゲームにふけるなど、クラスはめちゃくちゃな状態になっていった。

私は、そのあまりの騒がしさに我慢ができなかった。「うるさい！」と、学級崩壊の張本人である男子に文句を言えば、殴られたり蹴られたりするような状況だった。わが家では、男の人といったら温厚な父しか身近にいない。そんな家で一人娘の女王様的存在であった私は、これまで手を挙げられたことなど一度たりともなく、殴られたことに大きなショックを受けた。そんな状態のクラスに毎日登校しているうちに、だんだんと気持ちも顔も尖《とが》ってきはじめた。

そうして荒れていくクラスの状況を両親に伝えても、なかなか信じてもらえなかった。そんな頃、授業参観があり、両親は様子を見に学校にやってきた。親たちが来ている時は、普段騒がしい子たちでもおとなしくするものだ。だが、その時は親たちの目の前で、一部の男子がいつもどおりに立ち歩き、教室から出ていくありさまだった。両親はその光景を見てひどく驚き、担任教師の大変さに同情したらしい。

一〇〇日間戦争ぼっ発

後日、学校を揺るがすことになる事件が起こった。

担任教師が、学級崩壊でなかなか座らない男子に向かって、こう言い放ったのだ。

「座りなさい！　座れないなら、座れない障がい者ね！　〇〇学級（特別支援学級）に行きなさい！」

私はこの言葉に瞬間的に反応し、先生に対して「それは差別だ！」と言った。「そんなつもりで言ったわけではない」と言い訳した先生に、「じゃあ、どんなつもりで言ったんですか」と、私はさらに追及した。結局、先生は言い訳ばかりに終始した。「いったいなんて人だ」と私は愕《がく》然《ぜん》とした。

このことがきっかけとなり、先生や大人は「絶対的」で「信頼できる」と思い込んでいた自分の考えが変わりはじめた。先生は絶対的に正しいことしか言わないと思っていたが、そうではなかった。もしもおかしいなと思うことがあれば、声をあげなくてはならない！　今まで本や映画を見て心のなかに秘めていた思い、演劇などでしか表現することができなかった思いが一気にあふれだした。それ以降「想像する子ども」だけにとどまらず、「行動もする子ども」へと変わっていくことになる。

私は担任教師の発言を差別だと批判したことについて、友だちと話し合うことにした。重度の障がいを持つ姉妹がいる友だちは、私の意見に強く共感してくれた。学級崩壊と先生の差別発言を問題として、私はクラスの友だち五人を誘って近所の神社に集まり、これからの対応について話し合った。

大人と言葉で争えば、ボキャブラリーの少ない私たちが負けてしまうだろう。それなら机を持ってクラスから出ていき、新しい私たちによる私たちのクラスをつくってしまおう。そう考えた。いわゆる授業ボイコット作戦だ。

次の日、私の合図で実行に移すことにした。

決行の日、私は緊張した。でも、やろうと言い出したからには引くわけにいかない。（ちょうどその頃「加藤の乱」という自民党の内紛劇があり、「自民党ってところから加藤さんって人が反発して頑張っているんだから、私も頑張ろう」と思った。しかし、あっという間に加藤の乱は失敗に終わり、最後までやりぬけなかった。「自民党の加藤はだらしないなぁ」と思ったものだ。）

そして、いよいよ担任教師が教室に入ってきた時、私は思い切って「障がい者をバカにするようなことを言う先生のクラスには、いたくありません」と宣言し、机とランドセルを持って、友だちと一緒に廊下に出た。

その時、信じられないことにクラスの学級崩壊の張本人だった男子が、廊下に出た私たちに向かって物を投げつけ、「帰ってくんなよ！」と言い放ったのだ。こんなにクラスをめちゃくちゃにしておきながら、何を言うか！　と思った。（後のち、彼が荒れたのは屈折した鬱憤《うっぷん》の表現であり、それが授業妨害や暴力につながっていったと知ることになるのだが。）

クラスのなかで女子が一〇人、その半分の五人もが机と椅子を持って廊下に出、「新しいクラス三組」を宣言したのだ。通りがかった別の先生が驚きながらも、「あ〜あ、とうとうやっちゃったね」とつぶやいていった。

それ以降、担任教師と私は毎日のようにケンカし、そのたびに授業はストップした。障がい者差別発言の撤回に加え、教師の力量不足にまで口論が及んだ時、担任教師が私に向かって「あなたみたいな生徒は初めてよ！」と言い放った。負けずに私も「あなたみたいな教師は初めてです！」と言い返した。

日々闘いは激化し、保護者そして学校全体を巻き込んでいった。私たちは必死で闘い、八王子市の教育センターにまで乗り込んだ。そこがどんなところかも知らず、ただひたすら、学校での事態を訴えた。教育委員会も動き出し、全面対決の様相となった。

親たちは何度も臨時保護者会を開いた。応援してくれる先生、遠ざかる先生。私たちを守ろうとする親、妥協することも覚えなさいと言う親。一緒に作戦を立てたのに廊下に出られなかった友だち、作戦を立てる場にいなかったのに一緒に机を持って廊下に出てくれた友だち。私は、このほぼ三か月に及ぶ学内闘争（一〇〇日間戦争）のなかで、うまく表現できないけれども人間というものについて学ぶことが多かったと、今でも思っている。

闘いは、問題発言をした担任教師が代わることで決着した。

「一〇〇日間戦争」という表現も私にとっては大仰ではなかった。一連の騒動が一応の結末を迎えた時、父が「南帆子はまるで嵐を呼ぶ少女だな」とつぶやいた。

「同志」としての先生

私が五年生の途中だったと思うが、理科を担当する先生が赴任してきた。奥田靖二という名前だった。とても素晴らしい先生で、私の荒れた気持ちや行動を受け止め、代弁してくれた。私は先にも述べたが、荒れまくっていた男子に殴られたことがある。その時、思わず殴り返した。それに対して奥田先生は、「暴力はダメだよ。でもよくやった」と言ってくれたのだ。

担任教師が学年の途中で代わったために、奥田先生が臨時担任をすることになった。奥田先生は、めちゃくちゃなクラスをなんとか立て直そうと、真剣に取り組みはじめた。ほぼ毎日のよう

高尾の圏央道建設反対の立て看板と奥田先生

に学級通信を発行し、保護者にクラスの状況について発信し、共有しようとしてくれた。私はというと、すっかり大人不信に陥り、反骨精神の塊のような子どもになってしまっていた。臨時担任についた初日、奥田先生が生徒との距離を縮めようと、教室のみんなの前でマジックを行ってくれた時にも、私は「マジックなんて、しょせんインチキでしょ！　インチキ教師！」なんて言ってしまう始末だった。

　しかし、奥田先生に対して一気に信頼を寄せることになった出来事がある。ある時、何気なく先生の机の上を見たら、高尾の圏央道建設予定地に立っている立て看板の下絵が置いてあった。私はそれを見つけて驚き、先生に「これ私、知ってるよ！」と言った。すると、なんと反対運動の立て看板は先生が描いているということだった。私はすごく嬉しかった。小さい頃からあまり気にしてはなかったが、やっぱり集会に出たりデモに行ったりする自分は、周りと少し違うのかなという気持ちがあった。だから、共にボイコットをして闘った友だちには「戦友」のような感情を持ち、奥田先生に対しては初めて思想を共有するような「同志」的な感情を抱いたのだった。

その頃から、私の心も落ち着きを取り戻しはじめていた。

ただ一人「君が代」を拒否する

三学期に入り、卒業式が近づいてきた。五年生は在校生として、六年生の卒業式に参加することになっている。そこで「君が代」を斉唱しなくてはならないというので、音楽の授業で「君が代」を習いはじめた。

その時の音楽の先生が行っていた授業は独特で、その授業も先生も私は大好きだった。世界のいろいろな音楽を聴かせてくれるだけではなく、みんなで実演したり、珍しい楽器にも触れさせてくれた。

たとえばブラジルのサンバは、貧しい暮らしのなかで楽器もないけれど、今あるもので楽しもうと、木の実などを使いながら生まれた音楽であることを教わり、実際に空き缶に小石を入れて音を出し、みんなでサンバを踊った。

朝鮮民謡の「アリラン」は、その背景に南北に引き裂かれた祖国を思う気持ちがあって、それがメロディに込められていることを知り、私たちはそれを原語で歌った。今でも口ずさむことができる。

「君が代」も、その意味や背景とともに教えてもらった。しかし、いくら思い起こしてみても、その理由は定かではなく、感覚としてとしか言いようがないのだが、「君が代」は「気持ちが悪い」と思ったのだ。そして歌いたくないと思った。そのことを家に帰って親に話すと、「歌わないという選択もあるんだよ」と言われた。歌いたくないものは歌わない自由があるんだ、と。私は迷わず「歌わない」ことに決めた。

この前年の八月、いわゆる「国旗・国歌法」が成立している。私が小学校に入学した一九九六年頃から「君が代」斉唱の義務づけが始まり、それに反対する教職員や保護者などの運動が起こっていた。広島の世羅高校の校長が「義務」と「反対」の板挟みに悩み、自殺するという事件も起きていた。

私は「日の丸・君が代」が大人の社会で問題化していることは、ニュース番組などを見て薄々は感じていた。でも、そのことと自分が歌わない選択とがつながっているという自覚はなかった。私が初めて「君が代」を拒否したのは、体育館で行われた卒業式の予行練習の時だった。校歌を起立して歌ったその延長で「国歌斉唱!」と言われた瞬間、私は着席した。足が震えた。

悪いことをしているわけでもない。みんなが立って歌っている時に一人座るだけのことなのに、なんでこんなに心臓がドキドキして、疎外感を感じなくてはならないのだろうか。そう思った。横にいるクラスの友だちから、小声で「おい! 菱山、何やってんだよ! 立てよ!」と言われた。私は黙っていた。「歌いたくもない歌を、なんでお前に指図されて歌わなければならないんだ！」心のなかで、つぶやいていた。

しかも、そう言ってきた男子が、小学校一年の時から先生の言うことを聞かないで、同級生に暴力を振るったり、学校を脱走し、先生たちが必死で捜索した結果、自宅でゲームしているところを発見されたという伝説を持つ男子だったのだ。運動会の棒引き競技では、負けそうだからと、対戦相手に砂を投げつけて目潰しをするなど、数々のズルをしてきた逸話がある。そんな奴から、どうして、誰に迷惑をかけているわけでもない行動に文句を言われなくてはならないのか。腹が立つと同時に、その時なんとなく自分の「不起立という行為」が、大人を困らせる悪戯《いたずら》などとは異質なものだということを感じ取った。

まさか小学五年の子どもが「君が代」を拒否するなんて思いもしなかったのか、初めての着席は、先生には何も言われなかった。具合でも悪かったとか、なにかのハプニングで座っていたと思われたのだろう。しかし二回目ともなるとさすがに、みんなの前で校長先生に名指しで「菱山さん、これはお国の大切な歌だから歌いなさい」と注意された。「歌いなさい」とは何事だ！私は憤慨した。

その後、何度か校長室に呼ばれ、注意を受けた。もちろん私は、「歌わなければならない歌なんてあるんですか。歌うも歌わないも私の勝手でしょ！」と反発した。そのうち、校長と話している時に気づいたことがある。「歌いなさい」という上からの命令口調に加えて、身長の差があるため本当に「上から目線」なのだ。それにカチンときた私は、それから校長に呼び出されるたびに椅子を持っていくことにした。なぜかというと、その椅子の上に立つと同じ目線の高さになるからだ。そんなすったもんだのなかで、ある時ふと、奥田先生に「先生は歌うの？　歌わないの？」と聞いてみた。それに対して先生は「私は私の判断で。あなたはあなたの判断で」と答えた。

卒業式当日、私はもちろん練習の時のように着席した。そして奥田先生は？　と見ると、先生も着席していた。生徒のなかでは私一人、教師のなかでは奥田先生一人が「君が代」を拒否したのだ。

その年の新六年生として参加した入学式でも、私は座った。校長はもう何も言わなくなった。その頃には、もう着席することにも慣れて、「国歌斉唱！」のかけ声がかかった瞬間に、椅子にドカッと座る。「なんで座ってんだよ！」と相変わらず言ってくる男子を尻目に、「ふん。どうぞ、思うぞんぶん批判したまえ」と心のなかでつぶやきながら、一人着席する行動に清々しさを感じるくらい余裕が出てきた。

地域や社会に広がる関心

六年生になって担任が変わった。「大変なクラス」を誰が担当するのか、きっと揉めただろうと推測される。担任になったのは、教員仲間だけではなく保護者からも信頼の厚いベテランの先生だった。後日聞いた話だが、奥田先生からもお願いしてくれたということだった。奥田先生が適切に引き継いでくれたこともあって、クラスはどんどん落ち着きを取り戻していった。授業もとても面白く、静かに受けられるようになった。

私は、地域では町の子供会の会長になった。会長になったからにはと張り切って、歴代会長がやってこなかったことを実行しようと思い、寒い日も暑い日も休まず、大人(育成会)の会長さんと二人で廃品回収を毎月行った。夏祭りも盛り上げようと、後輩なども巻き込んで自分たちのオリジナルの夏祭りを企画した。パラパラダンスや、お化け屋敷の企画は好評だった。

夏休みの自由研究は、ハンセン病のことをテーマに決めた。

六年生になって社会問題に関心を持つようになっていたのだと思う。ハンセン病のことについて知りたいと思い、親に話したら、それならまず東村山市にあるハンセン病の隔離施設「多磨全生園」に行ってみようということになった。

生木を引き裂くように家族から引き離され、強制的に隔離される。亡くなっても、同じお墓に入ることもできない。断種、堕胎、避妊手術を強制され、本名を名乗ることさえできない。そうした差別が行われていたという事実に、私は思考停止になるほど驚いた。人間が同じ人間に、どうしてこんなにも残酷な仕打ちや悲しみを与えることができるのか。摑みようのない不思議さと理不尽さに立ちすくんだ。この時の思いは、今でもふっと甦ることがある。

ちなみに夏休み明けの自由研究の発表では、クラスの友だちは全員「ポカーン」としていた。

九・一一で考えたこと

夏に一つ大きな決断をした。中学受験だ。私は、もっと自由で個性をのびのびと発揮できるような校風の学校に行きたい、そのために公立よりも私立に行きたいと考えた。そして、両親に相談をした。

父は反対し、「公立で頑張るべきだ」と言った。それでも私は「自由を金で買うんだ」などと言い張り、わがままを通した。

それから少しして、アメリカのニューヨークで、あの九・一一が起きた。

私は、夜に携帯ニュースの速報の知らせの着信が入って目が覚めた。「何事か」と思い、リビングに行って両親にテレビをつけてくれと頼んだ。スイッチをつけた瞬間入ってきた映像は、ビルに旅客機が突っ込む「あの映像」だった。最初に「映画みたいだな」と感じた。ビルのなかにも旅客機のなかにも人の命があるということを、その時は想像できずにいた。父はその時、私に言った。

「南帆子、これから大変な時代になるよ。戦争も始まるかもしれない。でもね、この映像だけがすべてではないんだよ。どうしてこうなってしまったのか。どうしてこういった行動をとるまでに追いつめられてしまったのか。その裏側を考えなくてはならないよ」

それから私はテロのこと、九・一一で初めて知ったアフガニスタンという国に暮らす人たちのことを、一生懸命考えた。崩壊したビルのそばで、アメリカの当時の大統領ブッシュは「正義の闘い」と称して、報復戦争を宣言した。

この「正義」に対して、私は違和感を持った。そして「正義」とは「悪」と表裏一体なのではないかと気づいた。アメリカの側から見たらアフガンの人たちは「悪」で、アフガンの人たちから見たら、大国なのに貧しく小さな国を踏みにじり続けるアメリカは「悪」だ。学校の先生や教科書のいう「正しい」ということへの私の疑問や反発は、この九・一一を契機に、社会や政治というものとリンクするようになる。

学校で担任の先生に、「テレビでアフガニスタンへの攻撃反対のデモを見たよ。アフガンの人たちみんなが悪いわけじゃないよね」と言ったところ、先生は「実は先生もそのデモのなかにいたんだよ」と教えてくれた。「先生も同じように考えているんだ、しかもデモまでして」とビックリし、私はとても感動した。自分の感覚がおかしいのかな、というずっと抱いていた不安や自信のなさから、救い出されたような気がした。

塾の個性的な先生

私は私立の中学受験を目指したこともあって、塾に通いはじめた。そこはガツガツと受験勉強をするための塾ではなく、寺子屋的なアットホームな個人塾で、学校にうまくなじめない子でも話ができたり、学校の愚痴も言えるような雰囲気の空間だった。先生たちも個性的で、かなり年

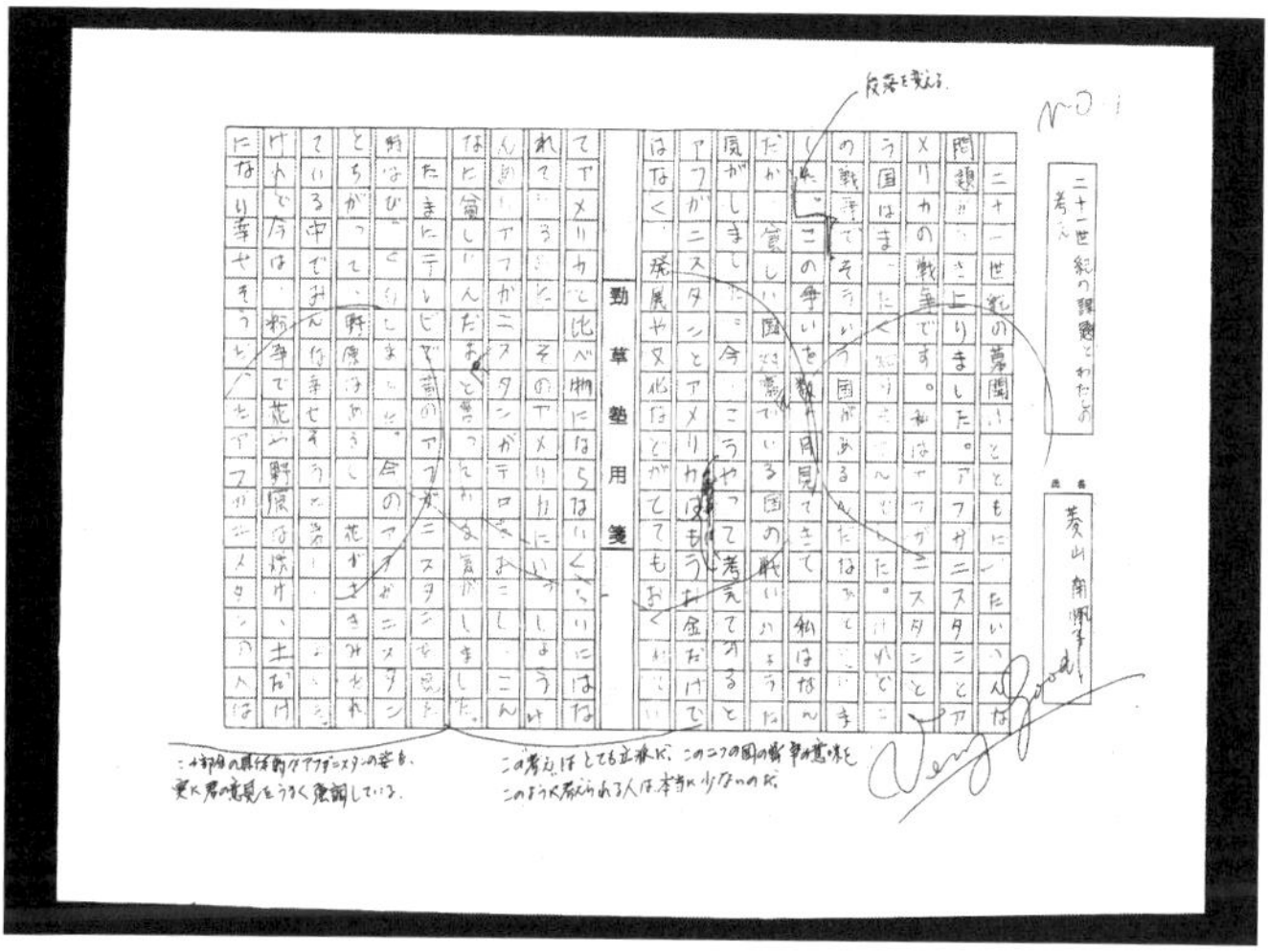

塾での小論文原稿

輩の先生もいた。

その塾の国語の授業で、小論文を書く時間があった。九・一一があった後で、私はテロのこと、戦争のこと、平和のことをテーマに書いた。その文章に対して、塾の先生がとても高く評価してくれた。「なぜテロが起きるのか」というところには波線を引き、「こういった考えをする人は少ない。素晴らしい」と赤字で書き込みがしてあった。さらにその小論文をコピーして、塾の先生たちに配布までしてくれたのだ。

その年の一二月一日、皇太子に子どもが生まれた時のことだった。まだ大学生だった若いバイトの算数の先生と二人で、授業を受けていた。私が「先生、女の子が生まれたんだってさ」と言うと、先生は「天皇なんていらないよ」と応えた。そのことに私は感動し、「若いのに、しっかりしてるな」なんて、小六の子どものくせに思った。昔読んだ『少年H』のレッドパージを受けたお兄ちゃんを思い出し、塾の先生と重ねてみて「先生が捕まったら困るな」と心配したものだ。その先生は未だに、当時私の書いた小論文を持ってくれているらしい。

その頃、巷《ちまた》ではジャニーズの嵐が大人気で流行っていた。クラスの女の子たちが「櫻井君よね」「松潤でしょ〜!」とキャアキャア言っていた。私はといえば、嵐のメンバーの名前をイマイチ覚えきれず、会話についていけなかった。そもそも「松潤や櫻井君は、いったいどういった思想を持っているのか」を基準に、好きか嫌いかを話し合っているわけではない。だから、関心を持てないのだ。会うこともないようなアイドルなんかより、「天皇制への問題意識をしっかりと持っている人」のほうがよっぽど素敵だと、私は同級生の会話を聞きながら思ったものだ。

卒業から新たな出発へ

卒業が近づいてきた頃、担任の先生は丸一日の時間をとって、授業中に『あゝ野麦峠』や『橋のない川』など日本社会の格差や差別問題をテーマにした映画を観せてくれた。クラスメイトの半分は寝ていたが、私は大きなカルチャーショックを受けた。また、日光に行った修学旅行の帰りには、足尾銅山に寄り、そこで鉱毒事件や田中正造のことも知った。

こうして、少しずつ自分の考えや想いを社会や世界の現実とリンクしたり、歴史とつなげて広げたり深めたりできるようになってきた。

そして卒業式を迎えた。

私は「日の丸・君が代」拒否＝「表現の自由を守る」意思表示のブルーリボンをつけて、生徒のなかではただ一人、着席を貫いた。

卒業式で私は、卒業生が歌う合唱曲のピアノ伴奏を担当した。「君が代」拒否をやりきった解放感もあり、万感の思いを込め、泣きながら弾いた。そしてクラスに戻ってから私は、先生に対して一年間の感謝の言葉を届けようと提案し、みんながそれに賛成してくれた。教室に現れた先生に、クラス全員が一斉に立ち上がり、「一年間、どうもありがとうございました」と大きな声で感謝を表した。


それから八年後、成人式を前にして私たちは居酒屋に集まった。そして、それぞれの近況などを語り合った。五年生の頃には荒れて私と殴り合った男子は、高校には行かず建設関係の職人になり、ほかの誰よりもたくましくなっていた。「競馬で当てたから」と、気前よく自分の飲み代以外にポンと一万円を置いて帰っていった。

私は保育園・小学校時代に、人にはいろいろな事情があり、ダウン症とか発達障がい、聴覚障がいや車椅子の人たちと共に生きることを、当たり前のことだと考えられるようになった。祖母から八王子空襲の話を聞いたり、「ランドセルをしょったおじぞうさん」の劇などを通して、爆弾を落とされる側から戦争を考えられるようになった。また、自由研究でハンセン病をテーマにすることによって、差別される側の思いに近づくことができた。

そして私は、保育園の先生をはじめ、本当にいい先生ばかりに出会う幸運に恵まれた。皮肉ではなく、五年生の時に差別発言をした先生や、校長会の全国大会で「君が代」斉唱の指揮をし、そのことを「誇りに感じた」と学園便りに書くような校長なども、まさしく良き反面教師であった。また、子どもであっても一緒に高尾や横田基地の集会に連れていき、集会やデモが身近なものであることを実感させてくれた母。そうした集会やデモに自らも関わり参加していることを教えてくれ、闘うことに怯《ひる》まない大切さを伝えてくれた先生たち。母と違って口数は少ないが、ときどき大事なことを教えてくれる父は、一度たりともスーツ姿を見せることなく、いつも作業服を着ていた。それら一つひとつが、私のなかに「いい学校・いい会社」を目指す価値観とは異なる考え方を育むことに、大きな影響を与えたのだと思う。

差別され抑圧される側から物事を感じたり考えたりする価値観や、思いを行動にすることへの迷いのなさ、行動すれば何かを変えられるという確信などは、この頃に知らず知らずのうちに身についたものだと思う。そして、それは中学時代によりはっきりとしたかたちで現れることになる。

第3章

社会への目覚めと飛躍の時代

和光の理念に感動する

二〇〇二年四月、私は京王線、横浜線、小田急線を乗り継ぎ、さらに鶴川駅からバスに乗って和光中学校に通いはじめた。通学は大変だったが、毎日が楽しさにあふれていた。

入学式での解放感、喜びは今も忘れられない。それは和光小学校から上がってきた人たちとは違う感情だったと思う。日の丸を背にした壇上からの堅苦しい挨拶、号令とともに歌わされる「君が代」。まして私は、起立・斉唱の拒否に対する重圧に耐えてきたこともあって、「日の丸」も「君が代」も号令もない解放感のあふれる入学式が夢のように感じられた。

学園長だった丸木正臣先生は、壇上からではなく、同じフロアーに立って偏差値偏重の教育現状を批判し、自由教育の意義を話された。学年担当の先生たちは、なんと〝モーニング娘。〟の歌を合唱してくれた。在校生のバンドは、ジャズの「インザムード」(か「A列車で行こう」)を軽快に演奏して盛り上げる。私はその瞬間、「和光に来て本当によかった」「日の丸・君が代の強制は絶対に間違っている」と思った。

中学進学にあたり、私は「金で自由を買う」と言って、地元の公立を勧める父を押し切った。学級崩壊のなかで闘ってきた苦しさ、大変さをもう繰り返したくはなかった。一人っ子だからできる、私のわがままだとはわかっていたが、自由が欲しかった。

和光学園の教育理念というか考え方は、「一人一人が表現し、意見を述べる学習」「五感をフルに使う学習」「自分で判断し行動できること」「自立した民主的人格を養う」というものだ。和光では、このことが普通に日々実践されている。

入学後まもなく、感想文を書く機会があった。思ったままに、「社会的な問題意識を持った先生が多くて良かった」と書き、「そんなこと書いたの！」と親に呆《あき》れられた。でも、この最初の印象は強まりこそすれ、変わることはなかった。今では「自由のない学園では問題意識を手放さざるをえなくなる」という確信となっている。

平和・自由・自主・自治のあふれる学園

〈運動会〉　和光中学では、まず日本一早いであろう運動会が五月初頭に行われる。その運動会は学年別ではなく、いわゆる縦割りの編成で、在校生と新入生の距離を一気に縮める。しかも徒競走のような個人種目はなく、騎馬相撲など集団競技ばかりを行うため、生徒同士は急速に打ち解けあう。

〈遠泳〉　夏には、房総半島の館山で五泊六日の遠泳合宿を行う。大きな事故もなく中断することのなかったこの合宿は、二〇一一年のあの福島第一原発事故のため、その夏だけが中止となった。それをめぐって大激論となったのは、いかにも「和光らしく」思えた。この合宿は生徒の完全に自主的な運営に任されていて、その運営を担う総代選挙は生徒会選挙よりも激しく燃えあがる。

遠泳は、一年生が三キロ、二年生が六キロ、三年生は指導員試験を受けたうえで指導員として振り分けられる。「アスリートでもない普通の中学生が六キロも泳ぐなんて信じられない」と半信半疑だった父は、私が三年の時こっそりと（保護者は基本的には来てはいけないということになっている）見にきて、本当に六キロを完泳するところを一部始終見て感動していた。和光の生徒たちが毎年繰り広げる遠泳場所のすぐ隣で、やはり毎年遠泳を行っている他校の男子高校生たちは、「大遠泳大会」と銘打っているにもかかわらず、一・五キロしか泳がないのだ。父が驚くのも無理はない。泳力をつけるために本番に先立って行われる練習も、長年の経験を反映してシステム化され、泳げない生徒も完泳できるようになる。また、ドルフィンと平泳ぎが一体化した「ドル平」という独特な泳ぎ方も取り入れている。この合宿をくぐると、生徒たちは一気にたくましく自律的に成長する。

〈秋田合宿〉　二年生の秋には秋田合宿というイベントがある。旅館に泊まりながら農家の農作業を経験するとともに、わらび座という劇団の施設で観劇し、自分たちもまた劇団員とともにソーラン節を実践する。この合宿もまた恒例で行われており、秋田の農家との結びつきはとても強く、生徒たちは本当の親のほかに「秋田のお父さん、お母さん」を持つことになる。

和光学園は日本での自由教育運動の精神を最もよく体現し、それを継承している学校だ。中学の館山合宿や秋田合宿、そして和光小学校の沖縄学習旅行は、和光にとって欠くことのできない教育の柱となっている。

私はクラス委員をやったり、一年生で生徒会執行部選挙に立候補したりと活発に行動した。和光では歌をよく歌うし、演劇にも力を入れている。一年生の演劇祭では「教科書ブルース」というのを演じた。受験のために英・数・国が偏重され、反対に体育・美術などが軽んじられている現状を、教科書を擬人化しながら風刺するという内容だ。私はキザで鼻持ちならない英語の役を選んだ。そして保育園、小学校でもそうであったように、役づくりに全力を注いだ。鼻持ちならぬキャラクターを想像した時、すぐ頭に浮かんだのは、漫画の「白鳥麗子」を演じた松雪泰子のあの「オーホホホホホ！」という高笑いだった。私はこれを完璧にマスターして、演技にのぞんだ。和光学園には芸能関係者の子弟が多く演劇のレベルも高いが、そのなかでも好評を博した。

また和光の特徴がよく出ていることの一つに、集中ホームルームがある。これはクラスのなかで問題と思われることや、こうすればいいのではないかという意見について、時間に制限をつけず徹底的に話し合うというものだ。ただ一つのルールは、「殴り合いはＮＧ」ということだけだった。いろんな意見が出されるなかで、一部の人がクラスの仲間に対して勝手にいろんなランキングをしていることが発覚した。私はランキングという発想や人間をランク付けすること自体に、いじめに通ずるものを感じ反感を覚えた。ランキングをして楽しむというのはおかしい、人を傷つけるのではないかと批判を始めた。そして、ついに相手を泣かせてしまった。そのランキングのなかに「怖い人ランキング」というのがあり、そこに女子で唯一私が第四位にランクインしていた。おそらくこの一件で、光栄にも第一位にランクアップしたのではないだろうか。

この集中ホームルームも、「一人一人が表現し、意見を述べる学習」という和光の理念そのものだと思う。理念と実態がとんでもなく乖離《かいり》し、それが当然のようになっている学校も多いなかで、和光は理念がしっかりと守られ教育に生かされている、本当に類《たぐい》まれな学校だと思う。

和光学園の平和・自由・自主・自治を尊び重んじる教育は、今の私の市民運動を支える思想的な基盤をつくってくれたのだ。

学内で初めてビラをまく

二〇〇三年、アメリカは「イラクに大量破壊兵器がある」という理由で、戦争を始めるかもしれない。そんな雰囲気が強まってきた。テレビでも、戦争が迫っている国際情勢を報じるようになった。中学一年、一三歳の冬だった。

私は、日比谷野外音楽堂（以下、野音と略す）で開かれた「イラク戦争反対」の集会に、初めて母と一緒に参加した。和光では、戦争反対を先生が口にすることはあっても、生徒では少なかった。だから、集会でもそんなに大勢の人は集まっていないだろうと思っていた。ところが、予想は見事にはずれた。野音はあふれかえるほどの多くの市民で埋まっていたのだ。これには本当に驚いた。

小学生の時には戦争や「日の丸・君が代」について話す友だちもいなかったのに、同じ思いを抱いている人がこんなにいるのだと心から感動した。今考えれば、デモや集会なのだから同じ思いの人が集まるのは当然のことなのだが、八王子の家と町田の学校を往復するだけの私にはとても新鮮で、世界が大きく広がるきっかけとなった。

三月に入り、戦争の開始が確実視されるなかで、運動はさらに盛り上がった。私も野音デビューから何度か集会に参加した。地下鉄の霞ケ関駅出口から野音の会場に入るまでは、集会の参加者を両端から挟むような形で、ビラを配る人たちが道をつくる（私は「ビラ通り」と勝手に呼んでいた）。その間をビラが飛び交うようにまかれ、ビラをまく人の腕が激しく交差するアーチを抜けると、野音内にあふれかえる市民たち。その高揚感は何とも言葉に表現しえないものだった。

信念や思想にもとづいて行動するということが、こんなにも自分のなかの何かを突き動かすものなのか。その高揚感と「何かしなくては」という焦りにも似た気持ちを抱えたまま、無我夢中で集会やデモに参加した。

イラクをめぐる動きや反対運動の状況への関心はますます強くなり、さまざまなニュースや報道番組を見るようになった。私は、集会で手渡された持ちきれないほどのビラに目を通しながら、「何かしなくては」という焦りの堂々めぐりをしている時、「そうだ、ビラまきをしよう！」と思いついた。パソコンもろくに使えなかった私は、さっそく手書きで文章を書き、同級生の友だちにＦＡＸしてビラをつくってもらった。

和光中学でのビラまき

三月一四日、初めてのビラまきを決行した。「STOP THE WAR 私達はイラク攻撃に反対します。」というタイトルで、「貧しいイラクの人々、赤ちゃんや私達と同じ年の子が同じ星に生まれながら、アメリカの爆弾によって死んで行くことを他人事のように見ていて良いのでしょうか」と訴えたものだ。この最初のビラまきは、私を入れて三人で行った。ビラは三〇〇枚用意し、全部まききった。先生からは止められるようなこともなく、ビラの受け取りもすごくよかった。戦争反対のビラが制止されることもなく、学校でまけるのは和光学園だからこそ、ということはわかっていた。

先生たちがせっかくいい授業をしてくれているのに、それを外で生かさなければ本当の「学び」にならないのではないかと思いはじ

STOP THE WAR

私達はイラク攻撃に反対します。

和光中学校１年有志　責任者　菱山 南帆子

今ニュースで毎日報道されているので皆さん知っていると思いますが、もうすぐアメリカがイラクを攻撃しようとしています。「日本には被害は無いんでしょ？ならどうでもいいじゃん」と思っている人がいるかもしれません。

けれども貧しいイラクの人々、赤ちゃんや私達と同じ年の子が同じ星に生まれながら、アメリカの爆弾によって死んで行くことを他人事のように見ていて良いのでしょうか。同じ星に住んでる人間が殺されるということに「それっておかしいんじゃないの？」と言える人がたくさん出てきたら、この戦争は変わっていくと思います。

又、今世界各国そして日本でもたくさんの反戦デモが行われています。先週の３月８日の日比谷では４万人もの人が集会、デモを行いました。

皆、イラクの子供達を殺さないで平和的解決を望み、声をあげ運動を起こしています。アメリカ政府は、イラクが持っている武器を次々と取り上げ無くしていき「武器を持っていてはいけない！」といいながら一方でアメリカは武器を大量生産し、多種類の核兵器をもっていることをたなにあげています。そしてさんざん武器を破壊した上に、今度は何もなくなったイラクに爆弾を落として数十万人の一般市民を殺そうとしています。

アメリカが世界の中心になろうとする為に人の命が無くなってしまうのは、おかしいと思いませんか？皆さん声を上げて「戦争をしないで！！」「イラクの人々を殺さないで！！」「人の命を大切にして！！」と呼びかけましょう。それで戦争が止められるかもしれないわずかな希望に望みを託しましょう！

全力でイラクの人々を支えましょう！１人１人の力がイラクの子供達を助けられるようにしましょう！

No.1　2003.3.14.Fri.

初めて作成したビラ

めた。社会的な問題意識を学内だけにとどめず、外の社会と実際にリンクしていくべきだと考えたのだ。

イラク戦争が始まる前日の三月一九日、二度目のビラまきを行った。この日は終業式だったが、五〇〇枚のビラを用意し、ほぼまききった。このビラで、「一つだけはっきり言えることは、戦争によって私たちと同じぐらいの子供たちが殺されていくことは嫌だ！　戦争は嫌だ！　それだけです」と訴えた。

イラク戦争、ついに始まる

そして三月二〇日、アメリカはバグダッドに爆弾の雨を降らせはじめた。その夕方、母と一緒に、初めて「溜池山王」という銀座線の駅で降りてアメリカ大使館に抗議に行った。

しかし、その時にはもうアメリカ大使館へは近づけなくなっていた。イラク戦争に反対する市民が詰めかけ、アメリカ大使館前は人があふれて規制がかかっていたのだ。一〇〇メートルほど先のＪＴビルの前まで引き離されてしまった。分厚い機動隊の壁に向き合う最前線では、時間が経つにつれ人がどんどん増えていく。機動隊のジュラルミンの盾と後ろから押してくる市民の間で、私は押しつぶされそうになった。後ろでは、「なんで日本の警察がアメリカ大使館を守ってるんだよ！」「お巡りさん、あなたたちはイラクで子どもたちが殺されようとしているのに黙っているの？　あなたにも家族がいるでしょう」などという声がワンワン飛び交っている。

一三歳の私はまだ小さく（今も変わらず小さいが）、機動隊のジュラルミンの盾に膝がガンガン当たり、機動隊の防弾チョッキの胸ポケットに付いた警察のバッジが目に当たりそうで、苦しくて息ができないほどサンドイッチ状態になった。なんとか自分の拳を胸とジュラルミンの盾の間に入れて、呼吸を確保した。

この時、国家権力の矛先は市民に向けられているということを知った。「お巡りさんはいい人、何かあったら助けてくれる」という程度の認識だった私の「お巡りさん観」は、大きく変わった。国家権力の本性に触れ、怒りを覚えた。

家に帰って見たニュースで、当時の小泉首相がアメリカのイラク戦争を「支持する」と真っ先に宣言したことを知り、猛烈に腹が立った。

高田健さんとの出会い

次の日から春休みということもあり、私はすぐにアメリカ大使館前に通いはじめた。開戦日に

JTビルで足止めを食らったことが悔しかったのだ。母は用事があり、その日は一緒に行けなかったため、一人でアメリカ大使館前に行くことになった。新宿の駅で丸ノ内線に乗り換える時、地下鉄の路線図をもらい折りたたんでポケットに入れ、アメリカ大使館前を目指した。なんとかたどり着いたアメリカ大使館前には、もう何日も前から泊まり込みをしている人たちがたくさんいた。

夜になるにつれて、続々と人が集まってくる。夕方から始まったアメリカ大使館前の集会で、いろいろな人の発言を聞いていると、ふいに男の人から声をかけられた。報道のカメラのライトがまぶしくてよく顔が見えなかったのだが、その男性に「少し話してみないか」と言われた。「えっ！」と思ったが、断る理由も見つけられず、数分後に私はマイクを持っていた。

無数の報道カメラが向けられるなか、私はその前に立った。本当に何を話していいのかわからず、とにかくライトがまぶしかったことだけは覚えている。そして一言二言、何かを話した後に、「あまり話せないのでコールをします」と言って、覚えたての「戦争反対！」というコールをした。これが私の、集会での初めての発言とシュプレヒコールだった。

その時声をかけてくれた男性は、それ以降、今日に至るまで私をさまざまな形で支えてくれ、共に闘っている「私の運動の父」そのものの、高田健さんだった。

連日アメリカ大使館前に座り込む

開戦前からアメリカ大使館前の座り込みは続いていた。雨の日も座り込みは行われた。一度場所を空けると、警察がやってきて排除されてしまうから、二四時間態勢で仲間が交代しながら場所を守り続けた。私も、学校が始まってからも座り込みに参加した。朝、学校に行って、授業が終わり次第、すぐにアメリカ大使館前に駆けつけた。アメリカ大使館前で中間テストの勉強もしたし、宿題もした。周りの大人に勉強を教えてもらった。夜になると家に帰った。そんな生活を六月まで続けた。時には寝袋を持って泊まり込むこともあった。

アメリカ大使館前で泊まり込んだ時に寝袋から見上げた空の星と肌寒い深夜の空気は、中学生の私にはわくわくするような、不安で心もとないような不思議な感じがした。アメリカ大使館前の闘いでは、「誰かが必ずそこにいる」状態を持続することが大切だった。そして、座り込みながら鉄柵に寄りかかったり、警察署の名前が入った赤いコーンを背もたれにしたりと、居心地のよくなる工夫をしながら座り込みを続けた。トイレは主に近くのローソンか、ホテルオークラのトイレを使わせてもらった。食事も交代で行く。アメリカ大使館前の向かいにある自転車交通会館の管理者が厳しいので、私有地に入らないように注意も必要だった。

私は、アメリカ大使館前で座り込みを続けていた仲間たちからは「なっちゃん」と呼ばれていた。

アメリカ大使館前で学校の宿題をする

東京二三区のマップを買い、「日比谷公園」「明治公園」「芝公園」「代々木公園」「宮下公園」などの集会場やデモ解散地点から一番近い駅などにしるしをつけ、付箋を貼り、持ち歩いた。集会という集会にはとにかく参加しまくった。親に危ないと心配をされても、「イラクの子どもたちと私、どっちが危ないのよ」と言い返して、突っ走っていた。大人たちと一緒に過ごす時間のほうが、圧倒的に多くなってきた。それに大人たちのなかで話すこと、聞くことのほうが、難しいけれど面白かった。学校の友だちとはできない政治や思想の話、座り込み中は暇なので考え方の違いをめぐってたまに始まる大人たちのケンカ（論争）さえも、興味深く面白かった。

そんなアメリカ大使館前の連続した座り込みも、六月にいったん目処《めど》をつけることになった。

その後、そこですぐに道路工事が始まった。私たちが座り込みをしていた場所にはアメリカ大使館へとつながる小さな横断歩道があったのだが、それが不自然な形でなくなった。歩道は狭くされ、ガードレールが追加されて、現在はとても座り込めない状態になっている。

大集会で緊張しながらの訴え

五月二三日、明治公園で有事法制反対の三万人集会が行われた。

私はこの集会で発言することになった。大好きな土井たか子さんと壇上に並び、大勢の人を前にしてとても緊張したが、次のように訴えた。

「私には将来の夢があります。イラクの子どもたちにも同じように夢があると思います。アメリカの攻撃でたくさんの夢を壊しました。命を奪いました。これ以上、夢を奪われた子どもの墓をつくらないでほしいです。世界の子どもたちが手をつなぎ、声をあげていけば、この世界を変えていけると思います」

さらに、「学校で私の活動に対して不満を持っている保護者の人がいるようです。けれども中学生だからといって、『まだ早い』『もっと勉強してから』などと中学生を政治から遠ざけたり、行動を押さえつけないでほしいです。私たち子どもにも、平和な未来をつくる権利も戦争を拒否する権利もあります。私の行動に対して『それが生きた勉強だ』と励ましてくれた先生もいます」と続けた。

イラク戦争開戦前後の二回のビラまきと、アメリカ大使館前での二か月の闘いを通して、私は戦争反対の正当性と中学生でも闘うべきだということに強い確信を持った。この大集会での発言は、今読み返してみても自分の原点だなと思う。

「香田さんは私だったかもしれない」

私は一三枚目のビラで、「子どもを政治から遠ざけないで！　という訴えは、同時に『子どもは政治から遠ざからないで！』と言い換えてもいいと思います」と書いた。

九・一一は世界を変えたといわれるが、私は九・一一で変わった。小学生時代に芽生えた反戦意識、物事を社会や世界とリンクし歴史とつなげて考えるスタンスは、イラク戦争という最悪の政治に対する反対行動へと私を駆り立てた。政治は人の生死を左右し、人を幸福にも不幸にもするものだと確信するようになった。また、そのような政治は誰かにゆだねるものではなく、自分たちの手に握りしめるべきものだと考えるに至った。

開戦二か月後の終結宣言にもかかわらず、イラク戦争は泥沼化し、多大な犠牲者を生み出しつづけた。自衛隊の派兵、日本人の拘束、香田証生さんの殺害、自衛隊派兵延長……。それぞれの緊迫した局面で私はビラをつくり、学校だけでなく、さまざまな集会場所でまいてきた。一三回目のビラまきをした日の一週間前、和光学園のすぐ近くの高校で、「日の丸・君が代」反対のビラまきをした二人が逮捕された。戦争と抑圧の気配を身近に感じる一方で、私自身の活動が和光学園に守られていることを痛感した。

当時二四歳だった香田証生さんは、一〇月二六日に拘束され、四八時間以内に自衛隊を撤退させなければ殺すと通告され、一〇月三〇日に遺体となって発見された。これは自衛隊派兵がもたらした最悪の結果であることは明らかだった。その後、ことの本質を覆い隠すように、「危険なところに行った香田が悪い」という自己責任論が大々的に繰り広げられた。

私は香田さんのご両親にも会い、香田さんが本当に心優しい青年であったことをしっかり心に刻んだ。イラクの子どもたちを殺さないで！　と訴えてきた私は、香田さんが戦地の子どもたちに優しい思いをもって接していたことにとても強く共感した。「香田さんは私だったかもしれない」との想いも含めて、香田さんの無念を忘れず、胸に抱き続けることを決意した。

一五歳の主張

和光中学には卒業前に「一五歳の主張」というイベントがある。それは、学外の会場を借りて、そのステージで生徒が「主張」・「歌い・踊る」パフォーマンスを行うというものである。

私は真っ赤なブレザーを着て、主張を行った。タイトルは「想像力をとりもどそう」にした。

その頃、村上龍さんの『69（シックスティナイン）』という小説を抱腹絶倒しながら読んでいた。主人公の高校生たちが校長室をバリケード占拠しながら、その窓から「想像力は権力を奪う！」と書いた幕を垂らすシーンがある。このフレーズは一九六八年フランスでの五月革命、学生の反乱のなかで共有されたものだ。

小学校での一〇〇日間戦争と「君が代」拒否を闘い、中学ではイラク反戦闘争への参加、学内でのビラまきなどを行うなかで、「想像力」の大切さを痛感してきた私は、このフレーズに強く共感した。今の教育や権力の側は「想像力」を奪うだけでなく、その成長をも嫌悪している。だからこそ、「想像力をとりもどそう！」と訴えた。

この主張は私の到達点であり、新たな出発点にもなった。

沖縄・辺野古に通いつめる

二〇〇四年五月一五日、高田健さんたちの「市民連絡会」の仲間と初めて沖縄に行った。そこで、普天間を人間の鎖で包囲する行動に参加した。それから沖縄国際大学で発生した米軍ヘリ墜落事故のあとの事故現場に足を運び、さらに辺野古へ向かった。

それ以降私は、学校が休みの日には一人で沖縄に行き、辺野古へと向かうことが多くなった。一人で沖縄に行くのはとても不安だったが、当時の私は、とにかく行動、行動の毎日で、立ち止まって考えたりすることがほとんどなかった。突っ走りまくっていた。今考えると、よく一人で行ったなと思う。

那覇の「小禄」という、ゆいまーるの駅近くのビジネスホテルを拠点として、那覇周辺を回ったり、その後バスに乗って辺野古まで行ったりした。辺野古では座り込みだけではなく、カヌーに乗って海上へと出、体を張って辺野古新基地建設阻止の闘いに加わった。海上保安庁の作業船がきたら海に身を投げて停船させたり、冬でも海上の足場になる「ヤグラ」の上で一日を過ごしたりした。

カヌーに乗るには、はじめ練習をする。泳ぎは得意なのだが、自分で船を漕いで前に進むのはとても難しく、なかなか前に進めず、同じところをぐるぐると回ってしまう。また、抗議船に乗ったら乗ったで、船酔いをしては吐いてしまう始末（一緒にいた抗議船の船長さんが、吐いた私に「あーあ、魚に餌やっちゃったよ」と言うので、気持ち悪いなかでも少しウケてしまった）。カヌーでも、自分で漕いでいるのに気持ち悪くなってしまうし、海上から陸に上がっても、一晩中波に揺られているような感覚がつきまとった。しかし、それもだんだんと慣れていった。

　当時は、千円札が新千円札に替わった頃。東京ではほとんどが新千円札だったが、沖縄ではまだまだ普及しておらず、那覇から辺野古まで乗ったバスでお金を払う時、機械が対応していなくて困った。お札のこと一つとっても、沖縄と本土との格差を肌で感じることができた。

辺野古からバスに乗って名護のほうまで移動しようとしていた時のことだ。バスが時刻どおりに来ず（沖縄のバスは早かったり遅かったりするのだ）、仕方なく歩いていると、急にスコールが始まった。どうしようかと困っていたところ、大型トラックの運転手のお兄さんが声をかけてくれた。トラックの助手席に乗せてもらい、目的地まで送ってくれた。車内でお兄さんは、「沖

辺野古基地建設を監視する海上のヤグラ

縄は楽しい？」と聞いてきた。私はまだ沖縄のことをよく知らなかったので、「ハイ。楽しいです。海もきれいだし、時間がゆっくり流れているような感じがして。住みたいくらいです」と答えた。すると、お兄さんは話してくれた。

「みんなそう言うんだけどね。自分も沖縄に住みたいと思って移ってきたんだけど、観光と違って、生活するとなると給料もバイトの時給も安いし、意外と大変なんだよ」

たしかに当時、東京では牛丼の吉野家のアルバイトの時給が九〇〇円台なのに、沖縄の吉野家では六〇〇円台だったのを街中で見かけて、驚いたことを思い出した。

こうして私の活動エリアは沖縄にまで広がった。それも問題意識の上のことだけではなく、海上や海中での格闘というリアルな次元でのことだ。

和光高校のユニークな授業科目

和光高校では、日本一長い体育祭がある。サッカー、バスケット、バレーボールなどの球技をクラス単位で、リーグ戦形式によって五日間戦い続ける。他方で、スポーツ戦だけではなく、踊りや歌などのエンターテインメント（エンターと呼ばれる）をクラスの全員参加で練習し、体育館で披露して投票形式で競うという種目があり、それがメインだった。高校は外部から来る生徒も多く、日本一長い体育祭が一体化をもたらす恰好のイベントだ。

また和光の選択授業は独特で、基地問題研究というのがある。私も履修した。そこでは、なぜ日本に米軍基地があるのかという政治的・現代史的問題を追求するだけでは終わらない。厚木、横田、沖縄などの基地を実際に訪れ、その実態を五感で感じとれるようにする授業だ。授業の仕上げは、沖縄を訪れ、辺野古で現地の人びとと共に座り込みをすることが恒例となっている。

さらに政治経済の科目では、国会議員に直接会ってインタビューをするという授業がある。対象はどの政党のどの議員でもかまわないが、自分たちで連絡先を調べてアポイントを取らなければならない。私は、社民党の福島瑞穂さんと当時の国民新党の亀井静香さんを訪ねた。亀井静香さんは、訪れた私たち（四人）に対して、東大闘争など学生運動が盛んだった頃を振り返りながら、「当時の学生たちは世の中のこと、政治のことを真剣に考えていた。それに比べると、今の若者にはそんなエネルギーが感じられない。もっと頑張れ」とハッパをかけてくれた。自分の事務所を亀井さんはアトリエと呼んでいて、そこで趣味の絵を描いているとのことだった。いかつい風貌とは異なり、懐が深く優しい人だと思った。

福島瑞穂さんとは集会やデモで何度も行動を共にして、娘のように可愛がってもらっていた。それだけに、アポを取るときには二つ返事でＯＫをもらった。福島さんは相変わらず親しみやすく、市民感覚にあふれていることを実感した。

このような授業は、政治と政治家をうんと身近に感じさせてくれた。偏差値を上げることに一番の価値を置く他の学校の教育とはまったく異なる、和光ならではの授業だ。

手づくりの高校生反戦行動ネットワーク

高校生になってから私は、今まで「有志」とか個人で活動してきたことをしっかりと形にしていこうと考え、仲間を増やすため高校生のグループを立ち上げることにした。「高校生反戦行動ネットワーク」の結成である。

このネーミングを決める時、私は「行動」という文字を入れることにこだわった。とにかく運動の現場が大切だと思ったからだ。

結成にあたり、まず仲間と反戦行動ネットワークの幟《のぼり》と横断幕をつくることにした。どこかに発注するという考えも、高度な技術もデザイン力もなかったため、手づくりである。ペンキ代節約のため白一色と、赤と青の布。小学生の時に家庭科の授業で使用した裁縫セットを用い、手縫いで幟の周りと旗竿に引っかける耳を縫いつけ、何度も下書きをしてペンキで「高校生反戦行動ネットワーク」と書いた。途中、文字が入りきらなくなり、若干体をS字に曲げたような感じになってしまった。しかも書いている最中に、「本当にこの文字で合っているのか？」と大きな文字を書く時に誰しもが一度は疑問に感じてしまうあの現象に陥り、「行動」の「動」という文字の「重」の横線を一本多く書いてしまうという痛恨のミスをしたのだ。一緒に作業をしていた仲間に指摘され、あわてて他の横線と結合したものだから、なんだか「動」だけ太くアンバランスになってしまった。

さらに、その幟には私たちネットワークのポイントマークである拳《こぶし》のマークを入れなくてはならない。長時間シンナーの香り漂う部屋で作業をしているものだから、だんだん息苦しくなってきたが、なんとか拳のマークを描き終える。だが、さぁ、これでおしまいではない。手書きだから、裏もあるのだ。

乾かしている間に、赤い布の横断幕づくりが始まった。書きたいことは山ほどあるが、幟作成で思い知った自分たちの技術レベルの低さから学び、なるべくシンプルに文字数を大幅に減らすことにする。何事も欲張ってはいけない。横断幕の言葉は「憲法改悪反対」に決まった。横断幕は大きいうえに文字数は少ない。今度こそ失敗は許されない。そしてこれ以上シンナーの匂いを嗅ぎ続けたら、ラリッて取り返しのつかないことになり、まだ活動を開始してもいないのに警察

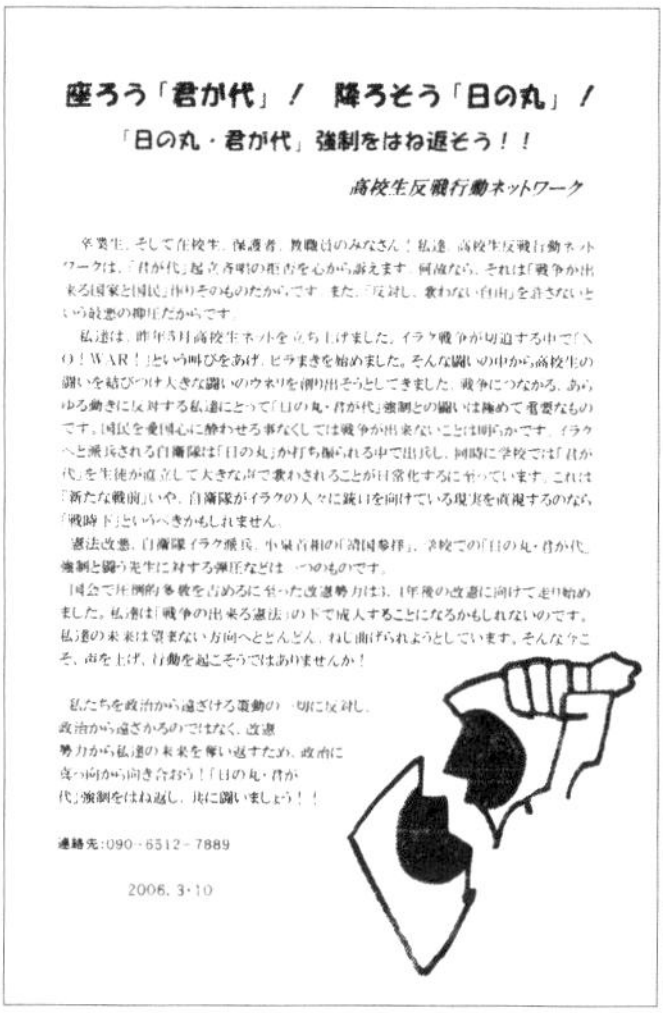

座ろう「君が代」！　降ろそう「日の丸」！

「日の丸・君が代」強制をはね返そう！！

高校生反戦行動ネットワーク

卒業生、そして在校生、保護者、教職員のみなさん！私達、高校生反戦行動ネットワークは、「君が代」起立斉唱の拒否を心から訴えます。何故なら、それは「戦争が出来る国家と国民」作りそのものだからです。また、「反対し、歌わない自由」を許さないという思想の抑圧だからです。

私達は、昨年5月高校生ネットを立ち上げました。イラク戦争が切迫する中で「NO！WAR！」という叫びをあげ、ビラまきを始めました。そんな闘いの中から高校生の闘いを結びつけ大きな闘いのウネリを創り出そうとしてきました。戦争につながる、あらゆる動きに反対する私達にとって「日の丸・君が代」強制との闘いは極めて重要なものです。国民を愛国心に酔わせる事なくしては戦争が出来ないことは明らかです。イラクへと派兵される自衛隊は「日の丸」が打ち振られる中で出兵し、同時に学校では「君が代」を生徒が直立して大きな声で歌わされることが日常化するに至っています。これは「新たな戦前」いや、自衛隊がイラクの人々に銃口を向けている現実を直視するのなら、「戦時下」というべきかもしれません。

憲法改悪、自衛隊イラク派兵、小泉首相の「靖国参拝」、学校での「日の丸・君が代」強制と闘う先生に対する弾圧などは一つのものです。

国会で圧倒的多数を占めるに至った改憲勢力は、1年後の改憲に向けて走り始めました。私達は「戦争の出来る憲法」の下で成人することになるかもしれないのです。私達の未来は望まない方向へとどんどん、ねじ曲げられようとしています。そんな今こそ、声を上げ、行動を起こそうではありませんか！

私たちを政治から遠ざける策動の一切に反対し、政治から遠ざかるのではなく、改憲勢力から私達の未来を奪い返すため、政府に真っ向から向き合おう！「日の丸・君が代」強制をはね返し、共に闘いましょう！！

連絡先：090－6512－7889

2006. 3・10

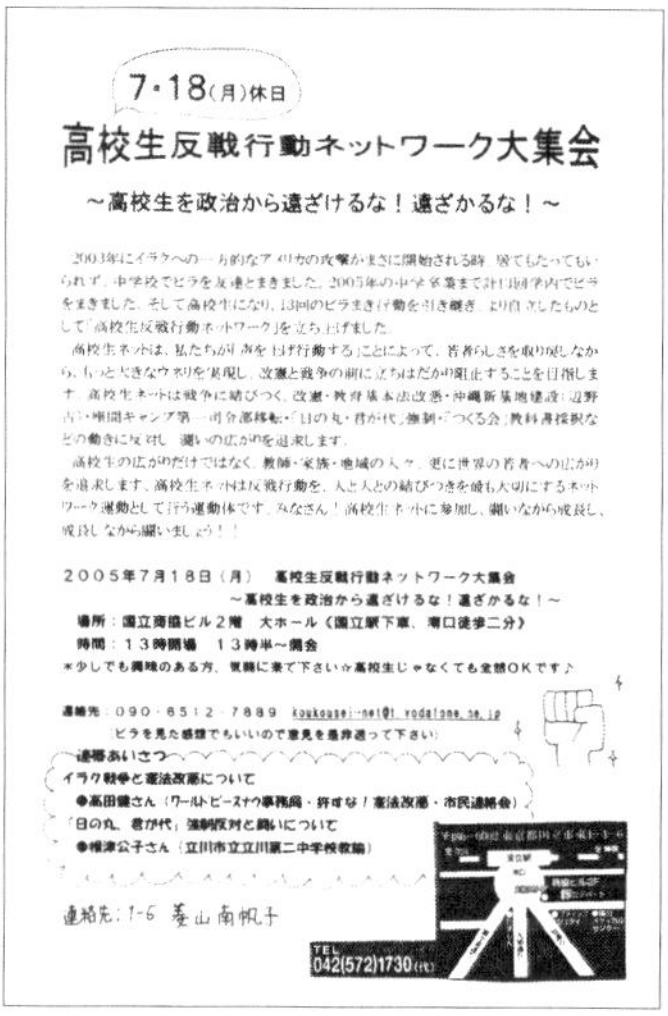

7・18（月）休日

高校生反戦行動ネットワーク大集会

～高校生を政治から遠ざけるな！遠ざかるな！～

2003年にイラクへの一方的なアメリカの攻撃がまさに開始される時、居てもたってもいられず、中学校でビラを友達とまきました。2005年の中学卒業まで計11回学内でビラをまきました。そして高校生になり、13回のビラまき行動を引き継ぎ、より自立したものとして「高校生反戦行動ネットワーク」を立ち上げました。

高校生ネットは、私たちが「声を上げ行動する」ことによって、若者らしさを取り戻しながら、もっと大きなウネリを実現し、改憲と戦争の前に立ちはだかり阻止することを目指します。高校生ネットは戦争に結びつく、改憲・教育基本法改悪・沖縄新基地建設（辺野古）・座間キャンプ第一司令部移転・「日の丸・君が代」強制・「つくる会」教科書採択などの動きに反対し、闘いの広がりを追求します。

高校生の広がりだけではなく、教師・家族・地域の人々、更に世界の若者への広がりを追求します。高校生ネットは反戦行動を、人と人との結びつきを最も大切にするネットワーク運動として行う運動体です。みなさん！高校生ネットに参加し、闘いながら成長し、成長しながら闘いましょう！！

２００５年７月１８日（月）　高校生反戦行動ネットワーク大集会
～高校生を政治から遠ざけるな！遠ざかるな！～
場所：国立商協ビル２階　大ホール《国立駅下車、南口徒歩二分》
時間：１３時開場　１３時半～開会
＊少しでも興味のある方、気軽に来て下さい☆高校生じゃなくても全然ＯＫです♪

連絡先：０９０－６５１２－７８８９　koukousei-net@t.vodafone.ne.jp
（ビラを見た感想でもいいので意見を是非送って下さい）

連帯あいさつ
イラク戦争と憲法改悪について
●高田健さん（ワールドピースナウ事務局・許すな！憲法改悪・市民連絡会）
「日の丸、君が代」強制反対と闘いについて
●根津公子さん（立川市立立川第二中学校教諭）

連絡先：1-6 菱山南帆子

TEL
042(572)1730(代)

高校生反戦行動ネットワーク作成のビラ

に捕まってしまう。下書きをして慎重に書く。横断幕の後、幟の裏側にも文字を入れ、完成だ。ユザワヤで買った綿一〇〇%の布に、しっかりと白いペンキを吸い込ませた私たちの幟と横断幕は、この世のものとは思えぬ重さになった。

余談だが、幟と横断幕は学内で使うことが多かったため、私のロッカーにしまっていた。ところが、後ろの席の子から「なんか菱山のロッカーからシンナーのような異臭がする」というクレームがつき、私はシンナー少女であるかのような疑いをかけられたことがある。また、幟と横断幕のほかにも大量のビラやペンキの刷毛《はけ》、ガムテープ、軍手など街頭宣伝グッズなども保管していたので、重くて底が湾曲し、下の子のロッカーを圧迫するという大迷惑な事態になっていた。そのため、急き

ょ下の段にロッカーを交換してもらい、シンナー臭い幟や横断幕は自宅に持ち帰ることにした。

高校生反戦行動ネットワークは、国立駅近くの集会所を借りて結成集会を行った。集会では高田健さんや「日の丸・君が代」処分を受けて闘っている根津公子さんに発言してもらった。

参加者は私たち和光を中心とした高校生約一〇人。関心をもって連帯してくれる大人たちが三〇人ほど。合わせて約四〇名だった。

全国の高校生と連帯していくために、「日の丸・君が代」と闘う先生や生徒がいると聞けば、その高校や中学に赴き、門前ビラまきを行った（板橋高校・国立高校など）。私自身が小学校や中学の時の闘いで同調圧力を感じ孤独な思いをしたことから、一人の立ち上がりでも決して孤立させない闘いをしなくては、という考えにもとづいた行動だった。

刺激的なスタディツアー

夏休みには広島・長崎スタディツアーを行った。沖縄・辺野古スタディツアーでは、平和祈念公園やガマ（戦中に戦火を逃れるために避難していた洞穴）を訪ね、辺野古での座り込みとカヌーでの闘いにも参加した。高速道路をバスで移動中、道路を挟んだ両側の山では実弾の飛び交う演習が行われていた。道路標識には「流れ弾注意」とあり、「どうやって注意するの？」と、みんなで大いに憤った。タクシーで街を行くと、「不発弾処理中」という看板があった。それを見

不発弾処理中の立て看板

た運転手さんが「あっ、そうだった！」と言って、Uターンのハンドルを切った時、私たちが大騒ぎをしたので車を停めてくれた。私たちが「不発弾処理中」という初めて見る物々しい看板を写真に収めて車内に戻ると、運転手さんは「沖縄では珍しいことじゃあないんだよ」と話してくれた。

同じ頃、東京の府中市でも不発弾が見つかり大騒ぎになるという、まさに非日常的な光景が展開されていたが、沖縄ではごく日常的なことなのだと実感したのだった。

真っ暗なガマでは、怖くて足がすくんだ。思わず引き返してしまったが、もう一度勇気を振りしぼって入る。そこは、あの「ひめゆり部隊」が活動していた場所で、薬瓶などが当時のままに残されていた。

広島、長崎、そして沖縄のスタディツアーで、戦争、原爆、沖縄戦、基地問題に対する私たちの問題意識は大いに刺激された。

学内では引き続きビラまきと、定例の学習会。学園祭では野外ステージで公開討論会を行った。テーマは「愛国心とは何か」。これには高校のOBや一般の参加者、保護者などが参加し、その後、さらに教室に移動して続きの討論を行った。

もちろん、校外のさまざまな集会やデモにも高校生反戦行動ネットワークとして仲間と共に何度も参加した。

第4章

自分を見つめ、足場を踏み固める

足踏み時代の始まり

「高校生反戦行動ネットワーク」を結成したものの、私はしだいに仲間から浮き上がるようになり、活動することが楽しくなくなっていった。今から振り返ると、いわば「足踏み」時代とでも言うべき時期が始まる。

和光中学から和光高校へ上がるには、いわゆる内部進学だったので、偏差値や内申書を気にして自分のやりたいこともあきらめて受験勉強に専念しなければならないといった縛りはなかった。そのため、中学時代の活動をそのまま高校へ持ち込み、学内から全国に向けて発信しようと「高校生反戦行動ネットワーク」を結成したのだ。

私はこの新たな活動の立脚点に、香田証生さんの問題を据えた。結成集会では香田さんの肖像画を置き、香田さんのご両親からのアピールもいただいた。私は、香田さんが小泉政権による「イラク派兵」と「自己責任論」で二度殺されたと考え、同じ若者としての反乱を開始すべきだと訴えた。戦争が泥沼化し、自衛隊派兵が常態化し、自己責任論が蔓延するなかで、もっともっと行動しなければならないと焦燥《しょうそう》感がつのっていった。

だが、これまで一緒に行動してくれた仲間たちのなかでは、「行動の前に知識を」という考えが強くなってきた。たしかに学習会も大切だが、学ぶだけでは世の中は何も変わらない。何より行動が大事だ。そう思って私は、辺野古や教科書問題、日の丸・君が代拒否で闘う先生への支援などで突っ走っていた。そんな私に、仲間たちがなかなかついてきてくれない。

また、高校生という年頃なこともあって、カラオケに行ったり、恋愛の話で盛り上がったりする仲間も、しだいに増えていく。当たり前のことなのに、私はイライラした。

こんなに情勢が緊迫しているのに、チャラチャラ遊んでいる場合ではないだろう。おしゃれをして街を歩く暇なんてないし、そもそもチャラついた態度と服装なんかで国家権力と闘えるものか。真剣にそう思っていた。

しかし、そういう自分だって、本当はビラの原稿を書くよりも、友だちと遊んだり、カラオケにも行ってみたい。Tシャツやパーカーにジーンズの、いわゆるデモルックではなく、スカートやワンピースを着て街に出たい。集会のついでとかではなく、都心に出て一日遊ぶ時間が欲しい。そう思う自分もいる。

けれども、そんな考えを持つこと自体、この資本主義社会に毒された敗北の一歩であって、そうした弱い自分との闘いにまず勝たなければ、社会を変えることなんてできない。そうやって自分を追い込んで追い込んで、追い込みまくっていた。そのうちに、周りから見られる自分あるいは外での自分と、心の内（本音）の自分との距離がどんどん広がっていった。もう背伸びしようとしても、伸びきれないほどになってしまった。

退くことから見えてきたもの

私は疲れていた。精神的に疲弊しきっていた。平和への思いにも。戦争に苦しむ世界の子どもたちのことを考えるにも。利益優先の社会の犠牲になって苦しむ仲間たちにも。優しい市民運動の仲間たちにも。そして、疲れ果てて動けなくなった。でも休んでいると、今度は「休んでいていいのだろうか」という思いに駆り立てられ、眠れない日々が続いた。

新聞やニュースを見れば「何かしなくてはならない」と思い、疲れるので見なくなった。政治的なことが少しでも出てくる小説も、読みたくなくなった。政治的なものを一切排除した書物を好むようになり、ファッション雑誌や料理本ばかりを読んだ。

「若者を政治から遠ざけるな!」「若者は政治から遠ざかるな!」と訴えて活動していた私が、政治から遠ざかるようになってしまった。

家にいる時間が増え、今までまったくしなかった料理に凝るようになった。「食」や生活の知恵などを特集した主婦向け雑誌を読んでは料理をつくり、米のとぎ汁でフローリングを拭くとツヤが出ると聞けば、そのようにして床を磨く日々が続いた。

不思議なもので、人間の原点ともいえる「衣」「食」「住」に徹した生活を送っていくうちに、少しずつ自分をとりまく世界を冷静に、客観的に見ることができるようになっていった。

これまで、社会に関心を持たない人を「小市民的だ」などと、どこか上から目線で侮蔑《ぶべつ》してきた。けれど、不本意ではあっても私自身が「日常生活」を一生懸命に生きることによって、それまでには持てなかった「生活者の視点」が、だんだんと身についてくるようになる。たとえば家事をすることで、ジェンダーの問題が少しでも自分のこととして理解できるようになる。女性が家事も育児も行い、さらに仕事も抱えることは、肉体的にも精神的にも本当に大変なことなのだ。

私は、こうした毎日の生活の営みのなかで、ときには人間の心の揺らぎや季節の移り変わりにも思いをめぐらせてみたり、生きることを楽しむ余裕が少しずつ生まれるようにもなっていった。今考えてみると、そうやって心の栄養を一生懸命とろうとしていたのかもしれない。

この時期のことをあえて一言で表現するならば、「貯金を使い果たした」ということではなかったか。つまり、小学生時代に身につけた私の考えや経験、「行動！　行動！」という一本調子な闘争スタイルでは、もう通用しなくなったということだ。そして底なし沼のなかでもがくように日常を生きているうちに、浮いていた足がようやく地につきはじめたのではないか。

私はイラク戦争開戦当初、アメリカ大使館前に毎日座り込み、声を枯らしながら「戦争をやめて」と訴えた。真剣に訴えれば、それが必ず届くものと単純に考えていた。それは小学校時代のボイコット闘争の経験があったからだ。けれども、小さな学校内の政治と国家レベルの政治との違いがよくわからなかった。子どもがゆえの限界といえば、それまでなのだが。

イラク戦争反対の抗議行動

イラク戦争が開戦した二〇〇三年頃から、「WORLD PEACE NOW」という名称で、既成の政党の枠を超えた運動が始まった。音楽や踊りなども取り入れ、運動につきものの厳《いか》めしさを極力なくし、市民が参加しやすくなるような努力や工夫を重ねていた。しかし、現在のような「総がかり行動」や「野党共闘」という幅広い共同の地平を切り拓くには至らなかった。

イラク戦争はエスカレートし、犠牲者は増える一方だった。しかしながら、デモの参加者は徐々に減っていった。戦争自体を止められなくても、一人でも犠牲者を減らせるならと闘ってきた私も、「とにかく行動を！」という一本調子を軌道修正することができず、手詰まり感、無力感のなかに沈んでいくことになる。「行動すれば変えられる」という強い信念を持っていたはずなのに、闘う気力は日々蝕まれていった。そのうえ「行動しない人」「できない理由《わけ》」にまで思いを及ぼすには、私はあまりにも未熟だった。

けれども、自らが一歩も動けなくなってしまったという事実を、日々の生活のなかで少しずつ受け入れていくことで、自分自身を見つめられるようになっていった。外科的な手術によるものではなく、漢方薬のように自身の内側から、崩れた心身のバランスを徐々に癒していくように。

私の「足踏み」は、間違った行動をとって、それを悔いる挫折というよりも、「枯渇《こかつ》」と言ったほうが当たっているかもしれない。政治から遠ざからないためにも、政治から遠ざかる必要がある時もある。それがわかるのは、もっと後になってからのことだ。

そして「高校生反戦行動ネットワーク」の活動は休止したまま、あっという間に高校生活が過ぎていった。

大学合格という奇跡

それまで私は、大学なんて行かずに労働者として労働運動の闘いのなかに身を投じようと考えていた。しかし、政治から離れていたその時には、気持ちが萎《な》えてしまっていた。周りの子も進学するし、自分も大学には行っておこうかなと漠然と思い、受験を目指すことにした。

中学の時に、八王子市で募集していた保育園のボランティアを行った体験があり、とても楽しかったことを思い出した。さらに高校で保育の授業を選択したこともあって、「保育士になりたいな」と思った。さっそく両親に相談をして、保育士の資格が取れる大学を探すことにした。

しかし、ここで問題が発生する。高校一年と二年の時に運動に没頭しすぎて、学校も休みがちなうえに、成績があまりにもひどかった。授業中にはこっそりビラの原稿をつくったり、運動のことばかりに思いを馳せていたため、テストはほぼ全科目赤点。出席日数は足りず、「無評定」という見たこともないレアな赤いハンコが成績表に押されている。ノート提出をする授業では半年で二ページしか書いておらず、へたくそな落書きのような絵には、先生から赤字で「ヘタクソ！」というコメントとともに、なんとABC評価で「Z」と大きく書かれていた。普通は、悪くても「E」の評価だというのに。

しかし世間知らずの私は、そんなこともまったく気にしておらず、「学内よりも、もっと外で学ぶことはある！　書を捨てよ！　街へ出よう！」という気持ちだった。だから、「やばい」とか「恥ずかしい」とかではなく、むしろ勲章というか誇らしげな気持ちで、そのテストや「Z」と書かれたノートを友だちに見せびらかし、爆笑するという大勘違い人間だった。

学校推薦も評定平均に届かず無理。ならば、一般入試なんてもっと無理だ。そんな私が大学に入学するには、わが家が相当のお金持ちで、多額の寄付をして裏口入学するか、今から必死でオーディションを受けまくり、著名な芸能人にでもなるかしなければ、とうてい不可能だった。

しかしここにきて、時代は私に「味方」をする。少子化の時代の到来で、大学も生き残りに必死なのだ。そのせいか、AO入試という自己推薦のような選抜枠を設けるようになっていた。私はそこにチャレンジすることにした。だが、その枠はとても狭い。

ここで、私のこれまでの経験と、ある種の能力が生きてくる。和光学園の教育やビラづくりをはじめとした活動のなかで培った「文章を書く力」や「表現する力」が大いに役立つ。その結果、奇跡が起きた。私は、日野市にある明星大学の人文学部心理・教育学科教育学専修の学生に晴れてなることができたのだ。人生、何が幸いするかわからない。

遠ざかっていく政治の世界

これまで私が三年を過ごしてきた学校は、自由な校風で制服もなく、授業も教科書を使わない独特な教育を行う高校だ。ところが大学に入ってみると、そこはまったく想像を超えたところだった。私とは異なる教育を受けてきた同級生たちと話をすると、驚きと発見の連続だった。

まず気づいたのは、「政治的なものをミュート（消音）しても生きていける、社会のことを考えなくても生きられる」ということだった。この社会は、私たちが政治的な考えを持たなくても何の問題もなく（実際は大問題だが）生きられるように仕組まれているのだ。

日常生活を豊かに過ごそうと、みな必死になって工夫しながら生きている。そういった若者の世界には「ビラ」も「デモ」も、拳をあげた「シュプレヒコール」も「団結」も似合わない。これまで私にとってすべてだったものが、まったくない世界だった。

大学生活は、私がイメージしていたものとは大きく違っていた。大学に対して私の抱いていたイメージは、一九六〇年代や七〇年代のものだった。校内には立て看板が至るところに林立し、ビラとかポスターが剝がされても剝がされても壁や柱に貼ってあり、学生たちは学内でアジテーションをしている。お金はなくても、時間だけはたっぷりある。そんなイメージだった。

しかし現実には、大学とりわけ私立の大学は「就職率の高さ」をウリにして、学生を呼び込もうと必死である。入学するや一年、二年と、毎日、月曜から土曜まで、朝から晩までパンパンに授業がある。三年になれば、みんなリクルートスーツを着て、髪の毛を黒く染め、就職活動が始まる。まさに大学が「就職するための予備校」と化しているのだ。

就職のために髪を切ることに「うしろめたさ」を感じるような、「イチゴ白書をもう一度」的な感傷など微塵《みじん》もない。そんな状況を学生たちが当然のように受け入れている様子に、私は愕然とした。

それまで同世代の若者とつきあうよりも、一九六〇〜七〇年代を青春時代として、闘いの時代として生きてきた人たちのなかで過ごすことが多かった私の感覚は、いつしか六〇〜七〇年代の色に染まっていたのかもしれない。そのため、同じ世代でありながらジェネレーションギャップを感じるという、ねじれ現象に戸惑うことになった。

綺麗な校舎には貼り紙やビラは似合わず、掲示物は紙よりも電光掲示板のほうが多かった。とにかく授業のコマ数が多く拘束時間も長いため、社会に思いをめぐらせることも、声をあげようと思うことも、怒りを感じることもできないほどに忙しい毎日に、私自身も取り込まれていった。

そして短い時間を見つけては、洋服屋さんの専門店でバイトをし、授業や保育実習などに追われていたら、あっという間に二〇歳を過ぎ、大学三年生になっていた。大学の友だちには、私が小学校で授業ボイコットや「君が代」拒否をしたり、中学・高校でイラク戦争反対のビラまきや集会に参加してきたことなどは一度も話さなかった。

話しても理解してもらえないと思うより前に、そんな話をするような雰囲気ではなかった。「今が楽しければいい。社会人になったら大変だから」。そういった空気が圧倒的に支配していた。そのなかで「この社会のシステムを変えなければ人間らしく生きられない」なんて言っても、「今そんなに大変じゃないから、別にいいんじゃない」で会話が終わってしまう。そう言われて腹が立つのが面倒で、政治的な話は避けていた。何も感じないようにしていた。

和光学園にいた時のように、友だちと政治や社会のことを話し合ったり、先生を交えて熱く議論した学園生活が、とても懐かしく思い出された。人と議論したりする時に感じる、頭のなかが言葉であふれてくるようなアカデミックハイな感覚が遠ざかり、忘れていきそうだった。

保育実習の現場で学んだこと

私が選択した授業カリキュラムは、保育士や幼稚園教諭の資格取得がついているコースだったこともあり、出席日数やレポート提出が非常に厳格だった。和光学園で「甘え」させてもらってきた私にはより厳しく感じられたが、共に和光高校から進学した友人などに助けられながら、なんとかクリアすることができた。

自分が望んだ専門領域だったこともあり、「教育とは」「福祉とは」「保育とは」という根本的な問いに向き合う勉強はとても興味深く、意欲的に取り組むことができた。何よりも、必修科目である保育実習は辛くもあり、また楽しくもあった。

その実習では「南帆子先生」として子どもたちにも慕われ、実習終了時には、その縁から「ぜひうちに来てほしい」と言われたことが本当に嬉しかった。

重度障がい者施設での実習では、夜勤を何度か経験した。食事の時間にパニックを起こし、食べ物を投げ合ったりする場面にも遭遇した。実習初日は、そんな様子を見ても、ただただ驚いて壁に張りついたまま、それを眺めているだけ。何もできなかった。

夜勤では、夜中ずっと一部屋一部屋回り、トイレに行ける人をトイレに誘導し、行けない人にはおむつを確認・交換する。これが日常的になると、ベッドのスプリングは錆《さ》びて浮き出してしまい、トイレが間に合わずベッドのなかで排尿してしまうこともある。それでも、ベッドのスプリングは錆びて浮き出してしまい、デコボコになったベッドで寝なければならなくなる。また、イライラした誰かがトイレにペーパーを芯ごと詰めてしまい、トイレが詰まって、とんでもないことになったりもする。便座に便が擦りつけられていて、それを一つひとつ拭いて回ったり、ある利用者の爪に入った便を爪ブラシで掻《か》き出していると、痛がって髪の毛をつかまれ引っ張られたりすることもあった。

毎日、シーツを取り換えたり、トイレについて行ったり、さまざまなトラブルにも対応したり、所内を走り回りながらケアする施設労働は、本当に重労働だ。それでも、このような日々の仕事によって福祉が支えられていることが実感として理解できた。

立脚点としての障がい者問題

子どもの頃から、ろう者と交流し、当たり前のように関わってきた私は、「足踏み時代」においても手話を学び続けてきた。高校二年の時には、朝日新聞社と全日本ろうあ連盟の共催で毎年夏に行われる「全国高校生による手話スピーチコンテスト」に参加した。全国で一〇〇人以上の応募者があり、そのなかから事前の課題（ビデオによる手話実演など）をクリアした一〇人が選抜され、東京の朝日ホールで決勝を行うというものだ。

私は「未来の子どもたちへ」というテーマを選び、六分間の手話で、次のようにスピーチした。「未来は現在の延長にある。戦争や差別が繰り広げられている現在に続く未来はバラ色には描けないが、手話などが特別なことではなく当たり前のこととして受け止められ、実践されるような社会を目指したい」

小さい時から私を可愛がってくれ、関わりを持ち続けてくれた八王子のろう者や手話サークルの人たちが大勢応援に来てくれて、本当に嬉しく心強かった。審査の結果、私は奨励賞を受賞した。

同じ高校二年の時に、私は東京都による「盲ろう者通訳介助者養成」のための講座を受け登録された。そして、さっそく通訳介助に派遣された時のことだが、介助していた子が不快に感じたのか、バスのなかで騒ぎ出した。私が必死になだめていると、近くにいた女性から「ちゃんと面倒見てあげなきゃダメでしょ、お母さん」と言われた。その言い方に、私は障がい者に対する無理解・不寛容さを感じ、猛烈に怒りを覚えた。そして障がい者に対する差別が根深いものであることを、あらためて感じたのだった。

大学在学中も卒業後も、八王子市や東京都の手話通訳養成講座に通った。手話との関わりや、ろう者・盲ろう者の人たちとの交流は、今の私を育み、つくってくれたものだと思う。自身の闘いの第一歩が小学五年の担任教師による障がい者差別発言糾弾であったことにも現れているが、私の立脚点とバックボーンに、ろう者・盲ろう者の存在がある。

学生時代のアルバイト体験

高校生の時、私は休みの日などに父の建築現場の仕事を手伝い、お小遣い稼ぎをしていた。大学時代は、立川のルミネのなかの洋服屋さんでアルバイトをした。その前には、深夜まで営業しているキャバクラ街にある喫茶店とケーキ屋が合わさったような小さなお店でアルバイトを始めた。しかし、わずか五日でそこを辞めてしまった。原因は店長とのケンカ。店のパートのおばさんが、子どもの発熱で急きょ仕事を休んだ時、店長が「子どもの熱なんて、こちらには関係ない。迷惑だ」と言ったのだ。その発言をめぐって私と店長がケンカになり、それから険悪な仲になってしまったからだ。そして、ケーキ屋を辞めたその足で、前々から好きだった洋服屋さんのアルバイト募集に応募したのだ。

アパレルで働いてみると、世の中が利潤の追求を中心に動いており、一見華やかな仕事の裏側で、どうやって消費者に金を使わせるかという、きわめてドライ（冷たい）な論理が貫かれていることがよくわかった。

金を使わせるために「流行」をつくりだし、季節ごとに新しい洋服を買わせようと必死になる。なかで働いていると不思議なもので、季節が変わるたびに新しく出される新作の洋服のほうがよく見えて、古い洋服は「ダサく」目に映るということも知った。また、働いている従業員にノルマを与え、競争させるために全国の売り上げランキングを発表する。私もノルマ達成のため、どうしたら売り上げを増やせるか研究した時期があった。

夕方、仕事帰りのＯＬさんをつかまえて、手に取った洋服のメリットを機関銃のようにしゃべりまくる。そうして、仕事疲れで若干ハイになっているお客さんの脳に一気に情報を詰め込み、衝動買いを促す。今考えれば、ナチス的な洗脳と同じやり方だ。

セールの時は、買い物客が興奮して冷静さを失うようなテンポの早いＢＧＭをかけたり、私たちスタッフもせわしなく動き、声を張りあげてお客の呼び込みをする。それによって、「今買わなきゃ」というような切迫した状況をつくりだすのだ。「資本主義って、人の心理をうまくついているなぁ」と思ったものだ。

二年働いたアパレルのアルバイトは、その後、保育実習などで忙しくなり、辞めることにした。一度は店長に引きとめられ半年頑張ったが、それも限界だった。やはり大学の授業が忙しすぎ、アルバイトとの両立は困難だった。

それと同時に私自身、密閉されたビルのなかで資本に毒された商売に従事することに息苦しさを感じていた。はじめは楽しく、ゲーム感覚でやっていた販売も、カードによる二四回払いやリボ払いなどの話を聞くたびに罪悪感を覚え、「やっぱり、こんな社会おかしい」と思うようになってきた。それも辞める大きな理由の一つだった。

数か月後の夏、ようやく実習が落ち着きだすと、「今度は人間らしいところでバイトしたい」と思いはじめた。

ちょうどその頃、高校からの友人と会う機会があった。その時に、友人がバイトをしている障がい者就労支援センターの話を聞いた。私も先に述べたように、高校二年の時に東京都の盲ろう者の通訳介助に登録され、ときどき通訳介助の仕事をしていたこともあって、そのバイトに興味を持った。

友人が紹介してくれるというので、障がい者就労支援センターへ見学に行き、そのまま、そこで働くことになった。それから八年目になる今も、そこで働き続けている。

この仕事は本当に人間らしい仕事だと思っている。社会運動でもそうだが、弱い者・差別されている者の側に立って、一緒にこの社会を生きることはとても楽しいのだ。障がいのある人たちの優しさや温かさは本当に掛け値がなく、この優しさや温かさ・「みんな違っていい」という価値観で社会をつくり直すことができれば、戦争など決して起こらない世界を実現することも夢ではないと、私は思う。

三・一一ショックから、その先へ

二〇一一年、大学三年の春に、三・一一が起きた。

私はバイト先で勤務中だった。余震が続くなか、歩いて新宿まで行き、そこでなんとか一晩をしのいで家に戻り、やっと情報を仕入れることができた。そして福島が原発事故で大変な事態になっていることを知った。

これまで、もちろん原発には反対の立場ではあったし、環境問題に取り組むこともあった。それでも、まさかあんな重大な事故になるとは正直思ってもみなかった。想像を超える現実を目の当たりにし、自分の身に降りかからなければ真剣に考えることもできなかった自分が情けなかった。猛反省するしかなかった。と同時に、何かしなくてはと痛切に思った。

そんな時、高円寺で大規模な脱原発デモが起こった。高円寺にあるリサイクルショップ「素人の乱」が中心となり、主にTwitter（ツイッター）やFacebook（フェイスブック）を通して呼びかけ、始めたものだった。しかも、お決まりのように新宿や野音、明治公園や芝公園から出発するのではない。生活の場から立ち上がり出発するという、地域住民を巻き込んだこのデモは、私にとって衝撃的で、かつ刺激的だった。若い人も多く参加していて、「こういう形もあるんだ」と思った。もう一度、今度は生活に根ざした多様性のある運動をしてみたいという思いが、心のなかで大きくふくらんできた。

一度は運動から離れた私だった。だが「足踏み時代」に、それまで私が鼻で笑って侮蔑してきた「小市民的生活」をするなかで、日常生活の大切さや、生活と深く結びついた運動を行うことの必要性を痛感していた。私のなかにまた、デモに行きたくて行きたくてウズウズするような感覚が甦ってきた。

あの原発事故の過酷な現実と、言いようのない悲惨さ。今まで国策として原発を推し進めてきたにもかかわらず、民主党の責任に転嫁しようとする自民党の狡《ずる》さにも猛烈に腹が立ってきた。自分たちの未来はいったいどうなるのか。目に見えない放射能がこれからもたらす被害は、どれほど深刻なものになるのか。考えれば考えるほど、居ても立ってもいられなくなった。

それは、私が闘うエネルギーを取り戻した瞬間だった。

卒業への最後のハードル

出席日数、レポート、実習などのハードルを、アルバイトしつつも何とかクリアしてきた私にも、ようやく卒業のゴールが見えてきた。しかし、そこには最後の高いハードルが待ちかまえていた。「卒論」である。

まず、何をテーマにするかで大いに迷った。一応自由に決めていいということだった。考えた末に、「教育」のゼミをとっていたこともあり、「若者の格差と貧困」をテーマとすることにした。

私たちの世代は、冷戦体制が崩壊し、バブル経済が崩壊するなかで育ってきた。いわゆる「右肩上がり」の経済成長などまったく知らず、小さなパイのなかで工夫して慎ましく生きていくことが「トレンド」のような時代だ。私が卒業する頃の学生の就職状況は「氷河期」から「超氷河期」へとグレードアップし、惨憺たる状態だった。企業の側は「能力主義でいく。大学名で選ばない」などと言いながら、実際には特定の大学にしか就職の窓口を開かない。

たとえ経済的に貧しくても、学業に優れ良い成績ならば、〈良い大学→良い会社→良い収入〉が実現できるというシステム（あるいは夢）が、経済のグローバル化と競争の激化、さらに経済の長期低迷のなかで崩れはじめていた。貧困の連鎖が強まり、格差の拡大傾向がはっきりとしてくる。日本の総中流意識をつくり出してきた土台が大きく揺らいできたのだ。

このような状況を批判的に分析し論じることにした。しかし、いろんな資料や学説を紹介し引用することができても、それを一つの見解へとまとめあげることはとても難しい。結果として、不完全燃焼のまま卒論を提出することになった。担当の先生からは、格差の拡大、貧困の連鎖をこれでもかと強調する内容に「なんだか暗くて絶望的な気分にならない？」というコメントがあった。それでも卒論は受理され、私は最後のハードルをクリアすることができた。この卒論作成のなかで、格差の拡大、貧困の連鎖を資料的に裏づけ、いろいろな学説に拠って認識し確証できたことは、私の今の活動に少なからず生きていると思う。

　こうして私は、ようやく卒業できたのだった。

第5章
再び市民運動の大きな輪のなかへ

憲法に対する思い入れ

大学卒業後、私は脱原発の集会や国会行動に再び参加するようになった。「許すな！憲法改悪・市民連絡会」（以下、「市民連絡会」と略す）の運営会議にも関わるようになり、月に一回、勉強会に参加し、市民の仲間たちの話を聞いたり、自分の近況報告を行ったりするようになった。

二〇一一年の五・三憲法集会で運動に復帰したばかりだったが、ある集会で司会を任されることになった。この時から私は、一参加者の立場から主催者側の一人へと、運動の関わり方が大きく変わっていく。

憲法集会といえば、小さい頃からの強い思い入れがある。運動から離れていたとはいえ、私は五月三日の憲法集会だけには必ず顔を出していた。

一一歳の時、社会民主党と日本共産党が初めて一緒に行うことになった憲法集会に、母に連れられて向かったのだ。その日は小雨が降っていて、とても肌寒かった。会場の日比谷公会堂の周りにはたくさんの市民が詰めかけていたが、その周辺は右翼の街宣車が大音量で騒ぎ立て、異様な雰囲気に包まれていた。

大きな政治集会に参加したのは、この時が初めてだった。そしてこの日から四か月後、小学生

日比谷野外音楽堂の憲法集会で発言する

だった私は担任教師による差別発言の糾弾に立ち上がることになる。その意味で、この年は私にとって大きなターニングポイントだったと思う。

自分にとって憲法とは、何より「安心」というイメージがある。子どもの頃、よく祖母から戦争の話を聞かされたことで、戦争＝怖いというイメージが刷り込まれている。空から爆弾が降ってきて逃げ惑うさまを想像しただけで、その恐ろしさに居ても立ってもいられなかった。そんな時、祖母は「今の日本は戦争しちゃダメという決まりがあるから大丈夫」と言った。それがのちに学校の授業で学ぶことになる、憲法のことだった。

小学校の国語の授業では、毎年夏になると決まって戦争の話を題材とするが、そのなかで先生が何度も憲法を話題にしていた。憲法の他の条項の内容はあまり理解できなかったが、何よりも戦争放棄を謳う第九条が私にとって「安心」そのものだった。

その後、人権の授業や市民運動のなかで、男女平等や働く者の権利、表現・集会・デモの自由などの規定があることを学んでいくが、とにかく憲法って素晴らしいな、もっと世界に広めたらいいのになあと、子どもの時から思っていた。

二〇〇四年、中学三年の時の憲法集会は、いつもの日比谷公会堂ではなく、野音で行われた。その前年から自衛隊がイラクに派兵され、私は学校で派兵反対のビラまきを再開していたが、この野音の憲法集会で発言をすることになった。学校の先生も来てくれた。晴天のもと、会場に入りきれないくらい多くの参加者を前に、時折聞こえてくる右翼の妨害の音声を感じながら、のびのびと発言できたことが印象に残っている。

五・三憲法集会は、日本の平和と人権を守る運動にとって非常に大切な取り組みであり、私にとっても特別に意味のある集会なのだ。

再び市民運動に合流する

私は徐々に脱原発などの大きな集会でも司会を任されるようになり、さらにデモの時のウグイスも行うことが多くなった。はじめは同じ「市民連絡会」の先輩女性に、一緒に車に乗ってもらい、沿道の様子を見ながらのアナウンスやシュプレヒコールのタイミングの取り方などを手取り足取り教えてもらった。そのうち、集会やデモでは何度もマイクを握らせてもらい、コールをする役割を任されるようになった。そうした役割を「コーラー」と呼んでいる。

「市民連絡会」の中心メンバーである高田健さんからは、主催者として運動に関わっていくうえで必要なことをいろいろと教えられ、それを実践する機会を与えてもらった。司会やコーラーだけではなく、受付案内やカンパスタッフなど、集会やデモを行うにあたり欠かすことのできない種々の役割がある。それらをスムーズに行うことによって、運動そのものが成り立っていることを教えられた。いわゆる「縁の下の力持ち」がいかに大切であるかを知ることができた。

高田さんは、足踏み状態から脱して再び運動に戻ってきた私を「一番年下の同志」と言ってくれた。本当に嬉しい言葉だった。今まで運動のなかで苦しい思いも悔しいこともあったが、それらも含めて続けてきてよかったなと心から思えた。仲間の大切さをあらためて痛感したのだった。同時に、これまでの自分の運動に対する独りよがりで、凝り固まった考え方ではなく、もっと柔軟で多様な形での市民運動を広めていくことの大切さを認識するようになった。そうした視点からの運動はとても新鮮で、楽しいものだった。

「市民連絡会」は年に一度、市民運動を頑張っている全国各地の仲間と持ち回りで交流会を行っている。お互いの地域における一年間の活動と成果を報告し合い、今後のさらなる運動の発展と広がりに向けて大いに議論を交わし、交流を深める。そこでは、全国各地域に仲間がいて共に運動していることを実感でき、とても心強い気持ちになれる――「また東京に戻って、来年にはもっとたくさんの成果や経験を報告できるようにしよう」というように。

運動はこういう形でつながっていかなければ広がらないし、仲間の結束もそのなかでつくられていくものだと思う。年齢は離れていても、同じ志を持つ仲間との交流は本当に楽しいもので、懇親会などでは心から笑い合って、また明日から地元で頑張ろう！　と思えるのだった。

こうして私は市民運動に再合流し、新たな出発をしたのだ。

安倍政権の暴走と警察の迷走

二〇一二年、民主党政権が倒れ、第二次安倍政権が誕生した。安倍政権は戦争ができる国を目指し、矢継ぎ早に秘密保護法の「成立」や集団的自衛権の「容認」に向けて暴走を始めた。

秘密保護法は戦前・戦中の治安維持法に瓜二つで、政府の都合で「特定秘密」と指定されたものは私たちには一切秘匿《ひとく》され、知ることができない。調べようとしたり漏洩《ろうえい》した者は処罰されるし、私たち市民は監視の下に置かれる。また公務員などは、家族・親族の人権も危うくされ、お酒の飲み方ひとつまでがチェックされるという恐ろしい法律だ。

集団的自衛権は一言で言うと、「他国の戦争にしゃしゃり出る」ということだ。自国が攻撃されてもいないのに、同盟を結ぶ国が戦争を始めたら一緒になって参戦できるようになる。この日本国憲法では認められていない集団的自衛権を、政府の勝手な判断で行使容認しようと走り出したのだ。

私はもちろん反対運動の現場にいた。国会を人間の輪で取り囲み、秘密保護法の反対を訴える国会ヒューマンチェーンでは、その案内係を引き受けた。「人間の鎖がつながっているかどうか見てきてよ」と頼まれ、何周も国会議事堂の周りを駆けまわった。参加者の輪は二重三重につながっていった。

秘密保護法に反対する運動は急速な広がりを見せていくが、二〇一三年の一二月に国会で法案が通ってしまう。しかし、直前の野音の集会では私も決議文を読み上げたり、安倍政権の暴走を食い止める闘いは日を追って本格化し、忙しくなっていった。

二〇一四年の通常国会開会日のことだった。その日も秘密保護法に反対するヒューマンチェーンを行ったのだが、これまで開会日に集会を開くことはあっても国会包囲を行うことはなかった。国会正門前が私の担当エリアだった。しかし、開会日には天皇が出席することをすっかり忘れていたため、国会正門前は大変な事態になってしまった。

右翼団体と鉢合わせする懼れもあったが、何よりも反対運動の幟やコールを天皇の目の前で見られたり、聞かせたりしたくないのか、警察があわてふためいている。いつもの威圧的な口調とは異なり、私たちをなだめすかすような調子で、必死に幟を降ろさせようとする。天皇が通る場所で揉めごとを起こすと警察側の不祥事となる。なるべく穏便に済ませたいということだったのだろう。だが結局、私たちは幟を下げることなく、天皇が国会に出入りするのを目の前で見届けながら、ヒューマンチェーンを続行したのだった。

しかし、同じ年の秋の臨時国会の開会日にもヒューマンチェーンを仕掛けたが、その時はまったく様相が異なった。警察側は先の通常国会開会日での「不祥事」を繰り返すまいとしてか、私たちを国会正門前から一〇〇メートル以上も隔離し、歩道には鉄柵を敷き、通行止めを行うという暴挙に出た。もちろん私たち市民は猛抗議をし、通過する天皇の車に向かって激しいシュプレヒコールを浴びせたのだった。

「共同・共闘」の芽生えと「総がかり」

二〇一四年、政府は憲法を解釈で変更し、日本が攻撃されていないにもかかわらず他国を攻撃できる「集団的自衛権の行使容認」を閣議決定しようと動きはじめた。これに対し、三月には旧総評系の「フォーラム平和・人権・環境」が中心となった「戦争をさせない1000人委員会」(以下、「1000人委員会」と略す)と、市民運動の一二四団体が名を連ねた「解釈で憲法9条を壊すな!実行委員会」(以下、「9条を壊すな!実行委員会」と略す)が立ち上がった。私は「9条を壊すな!実行委員会」に「市民連絡会」の一員として加わった。

最初の頃は、「1000人委員会」と「9条を壊すな!実行委員会」はそれぞれ独自に集会やデモを行っていた。情勢が緊迫してきて、与党協議などが行われるたびに、官邸前で反対の声をあげていた。「9条を壊すな!実行委員会」が官邸前で行動を起こしている時は、「1000人委員会」は院内集会を開く。私たちが行動を終える頃には、バトンタッチをするように、院内集会を終えた「1000人委員会」が官邸前で行動を展開する。そうした形での連携が何度も続いた。集団的自衛権が閣議決定される前日まで、「1000人委員会」と「9条を壊すな!実行委員会」

は時間と空間を棲み分けながら行動していた。

七月一日、閣議決定の日の朝、前日とは異なり、首相官邸前の歩道に鉄柵が設置されていた。今まで、そんなことは一度もなかった。その場にいた弁護士や市民たちは警察に猛抗議をしたが、実際、人があふれている歩道のど真ん中に置かれた鉄柵は本当に危険だった。万が一、混乱のなか鉄柵に足を挟まれたりなどしたら、骨折してしまう。そのため市民たちの手で、その鉄柵を持ち上げ撤去するところから、一日の行動は始まった。

歩道の鉄柵を撤去させる闘い
その日、初めて「1000人委員会」と「9条を壊すな!実行委員会」が現場での共闘を朝から展開することになった。私は「1000人委員会」の青年と一緒になって、代わる代わる官邸前でコールをした。
その青年とは、三月の脱原発の集会で請願デモをするさいに、幟持ちのスタッフとして一緒に日比谷から国会を目指して歩いたことがあった。その時は無愛想で、「なんて感じが悪いんだ」というのが彼への第一印象だった。しかし、この日の現場共闘で、人が歩道にあふれて身動きがとれないほどになった時、車道に置かれた鉄柵とガードレールの両方によじ登って立ち上がり、集まった多くの市民と共に怒りの声を官邸前に叩きつけた。この日の闘いをきっかけに、現在に至るまで、その彼とは良き戦友となった。

ところで、この時点からシュプレヒコールの形が従来のロングコールではなく、ショートコールへと変わっていった。それまでは、「ショートコールだと早すぎてついていけない」という意見と「ロングコールだと長すぎて覚えられない」という意見をふまえて、両方のコールを行っていた。しかし現場が緊迫し、人があふれてすし詰め状態になっていくなかで、この場の雰囲気にはロングコールよりもショートコールのほうがふさわしい。声も出しやすい。そうした声に応えて、ショートコール中心のスタイルになっていった。

現在のショートコールのコール文は、よく私一人が考えてつくっていると思われる方もいるが、実際には実行委員会の仲間と一緒に検討しながら作成したものだ。差別的な表現にあたらないか。万人が言いやすいか。リズムは合っているか。落としているテーマはないか。それらをよく話し合って練られたコールなのだ。

七月一日に初めて現場共闘をした「1000人委員会」と「9条を壊すな！実行委員会」は同年九月四日の臨時国会開会日に、「戦争させない・9条壊すな！総がかり行動」として共催で集会とデモを行うことを決めた。

「総がかり」という言葉が、ここで初めて登場する。これを機に、画期的な共同の闘いが開始されることになった。さらに、その年の一二月に全労連系の「戦争する国づくりストップ！憲法を守り生かす共同センター」が合流し、今に至る「戦争させない・9条壊すな！総がかり行動実行委員会」(以下、「総がかり行動実行委員会」と略す）が結成されたのだ。

一方、国会周辺の状況は七月一日を境に一変する。警備体制が一段と厳しくなった。国会正門前の行動では、これまで普通に通行できていた横断歩道が、警察による信号操作で不当に時間短縮された。私がカウントした青信号の長さで一番短かったのは、なんと「三秒青信号」だった。こうした警察側の締めつけは、さらにエスカレートしていき、後の国会正門前に並ぶ「装甲車の壁」の光景へと引き継がれていく。

しかし、これまで時間も空間も名称もスローガンもバラバラなままに運動してきた諸団体が、安倍政権の暴走を本気で止めるために、お互いの垣根を思い切って取り払い、市民に開かれた「共同の広場」を生み出したのだ。それは実に歴史的な瞬間であり、画期的な出来事だった。

声をあげよう、行動しようと思う市民は、それまでは、どこの集会やデモに行けばよいのかをまず選択しなければならなかった。それはとても高いハードルだった。しかし、このハードルが総がかり行動によって取り払われたのだ。それが選挙での野党統一候補の実現につながり、さらに日本の政治構造をも揺るがしつつあるのだ。

私は当初「総がかり」という言葉になにか古臭さを感じていたが、今では大好きになった。その言葉と行動に誇りさえ感じている。それまでバラバラに吹かせていた闘いの風を扇の要のように一つにまとめることによって、その風の威力は格段に強化されるだろう。アベ政治を打倒する原動力に必ずなれると確信している。

街頭宣伝という闘い方

二〇一四年六月二九日、集団的自衛権行使容認の閣議決定の二日前、私は仲間と共に新宿アルタ前で街頭宣伝を行っていた。その時、他のグループのデモも行われていたが、いきなり街頭宣伝の仲間が「新宿南口が大変なことになっている」と言って飛び込んできた。よく話を聞くと、新宿駅南口で「焼身抗議行動」があったという。詳細はやがて明らかになったが、集団的自衛権に反対する明確な意思を持った行動だった。

それから五か月後の一一月一一日、総がかり行動として国会包囲の闘いをしていた目と鼻の先の日比谷公園で、またも焼身抗議が行われ、一人の男性が亡くなった。この方も集団的自衛権行使反対をビラやビデオではっきりと意思表示されていた。この当時、安倍政権に対する危機感が日増しに高まる一方で、それを食い止める明確な展望が見えない手詰まり感が覆っていたように思う。私自身もその当時、どうすればいいのかと自問しつつ、解答の見えない重圧に苦しんでいた。

ちょうどそんな時、仕事が終わって駅近の書店に立ち寄ると、外で街頭宣伝が始まった。「私たちは集団的自衛権に反対します！　あきらめません！」という声が店内に響きわたった。それは悩んでいた私の背中を押し、強く励ましてくれた。その時、ひらめくものがあった。それが「街頭宣伝を宣伝しよう」ということだった。

これまでも街頭宣伝や署名活動は行っていたが、身内での活動にとどまっていて、それを一つの運動として広めていこうという意識はまったくなかった。このさい、そうした内向きの発想ではなく、外に向かって街中から、路上から運動をつくりあげていこうと仲間たちに提案した。

たとえば選挙期間中は、どの駅に行っても候補者もしくは支援者たちが駅頭に立ってチラシを配ったり、演説をしたりしている。だから、たとえ選挙に興味がない人でも「あぁ、選挙があるんだな」と気づき、頭の片隅に記憶されたりもする。ときには、通り過ぎる子どもたちが「よろしくお願いしまぁす」などと真似したりすることもある。それと同じように市民がどの駅でも立っていたら、政治にあまり関心がない人でも「何が起きているんだ？」と多少は思ってくれるのではないか。六〇年安保の時のように、子どもたちが学校の校庭で「デモごっこ」をするくらいにまで認知され、広まっていくような運動を街中からつくりあげていこう――それが私の活動イメージだった。

そのためには、まず街頭宣伝を「宣伝」しなければならない。私は始めたばかりのフェイスブックとツイッターを使って拡散しまくった。はじめは、街頭宣伝をするにあたって「変な人が来たらどうしよう」とか「道路使用許可を取ったほうがいいのではないか」とか「弁護士はつけたほうがいいのか」とか、不安だらけだった。でも「怖がっていたら何もできないよ」という高田健さんの言葉に背中を押され、まずは勇気をもって一歩踏み出すことにした。杉並区の阿佐ヶ谷のバーガーキングで街頭宣伝の場所や今後の計画について、小さなお子さんを連れたお母さんと（お子さんを入れて）三人で打ち合わせた。そして四谷駅で五人からスタートした街頭宣伝は、戦争法（安保法制）が強行「成立」した一年後には三〇〇人の規模にふくれあがっていた。

私たちは総がかり行動と歩みを共にしながら、「街中から国会へ！　国会から地域へ！」を合言葉に、工夫を凝らし街頭宣伝を精力的に展開した。台風のなかを、防水のハンドマイクを片手に駅頭に立ったこともある。その時、雨天決行のお知らせをツイッターやフェイスブックで行おうとして思い浮かんだ言葉が「アメニモマケズ、アベニモマケズ」だった。また、真夏に五時間のロングラン街頭宣伝を行い、「老人虐待だ」なんて冗談半分に言われたことも。

ある時、一〇〇人街宣と名づけて、新宿西口に一〇〇人集めようと提案し、実際に行ってみたことがある。今では一〇〇人ほどの市民が街中に集まることは珍しくないが、街頭宣伝を始めたばかりの頃は半信半疑だった。「一〇〇人なんて本当に集まるのか？」という不安もあったが、半ば挑戦的な気持ちで決行した。「街中から揺るがそう」を合言葉に必死で宣伝を行い、本当に一〇〇人以上が新宿西口に集まった。この結果に自信を深めた街頭宣伝チーム（以下、街宣チーム）は、これ以降さまざまなことに挑戦しはじめる。

その頃から、ツイッターなどのＳＮＳ（ソーシャルネットワーキングサービス）で行動の詳細を宣伝するには、イラストや写真などを駆使した、いわゆるネット用のチラシ（バナーとも呼ばれる）をつくるのが当たり前となっていた。だが、私も「市民連絡会」のメンバーもみな機械が苦手で、人に頼まざるをえないのが実情だった。そこに強力な仲間が加わる。SNSを用いた宣伝を得意とする仲間が集まり、毎回の街頭宣伝や、のちには総がかり行動のバナーまでも工夫を凝らしてつくってくれるようになった。さらにホームページの運営強化に携わる仲間も増え、街宣チームは質的にも量的にも大きく成長した。

多種多様な宣伝方法

二〇一五年に入る頃からは、街頭紙芝居がスタートする。当初のリレートークのみの街頭宣伝から、視覚的にも訴えられるように紙芝居を使った宣伝をすることになった。最初は『集団的自衛権って何？』という紙芝居だった。その後に登場したのは、『戦争のつくりかた』という子どもも向けの絵本を紙芝居にして、横で手話をつけながら（手話は私が担当している）演じるもの。さらに、仲間がオリジナルで制作した『安保法制これからどうなるの？』は、「安保法制＝戦争法」をわかりやすく解説し、かつ私たちは何ができるのかという行動提起を盛り込んだものだ。この紙芝居を二本立てで行うのが、私たちの今の街頭宣伝のスタイルである。

また、「いつの時代も闘いのなかには歌があった。二〇一五年はみんなで歌える歌をつくろう！」という提案があり、さっそく年明けから曲づくりに取り組むことになった。仲間の一人が

街頭紙芝居『戦争のつくりかた』のひとコマ

歌詞の大筋の案を考えてきてくれ、それをもとに、みんなで相談しながら肉づけをする。その後に曲をつける。完全な素人が寄ってたかって集まり頭をひねって、自分たちのトラメガ（社会運動には欠かせないアイテム、トランジスタメガホンの略）やICレコーダー、その辺にある箱やスマートフォンなどを必死に駆使して制作するのだ。みんなでICレコーダーの前に集まって、ドラムの代わりにテーブルを叩いてリズムをとる。ピアノの代わりに、メロディラインはスマホのピアノアプリケーションを使用して録音したものを再生し、ギターは仲間が生演奏する。事務所にある身近な日用品を工夫して使いながら、何度も録り直しをした。そうやって完成した歌が『私たちに力を！』。一分ほどの短い曲だ。毎回街頭宣伝の最後には、この『私たちに力を！』と、フランスでデモに出発する前に歌う『オラシャヤーン（あきらめないぞ）』の二曲を、横で手話をつけながらみんなで歌う。それが私たちの街頭宣伝の定番になった。

そのほかにも、選挙に行こうよ街頭宣伝も企画した。特定の候補者や政党への投票の呼びかけは行わず、選挙管理委員会のように「選挙に行こう」「私たちの明日を決めるのは私たち。だから投票に行こう」とだけ呼びかける街頭宣伝だ。この時は下見もろくにせず、以前に行った時よさそうだったからという理由だけで、場所を下北沢に決めてしまった。すると、なんと下北沢の駅の周辺は工事中で、まったく街頭宣伝をする場所がない。だが、ここでやめるわけにもいかず、電車がガンガン通る高架下で一列に並んで街頭宣伝をやりぬいた。仲間の一人は、のちに当時を振り返り、「どんな状況でも、どんな場所でも街頭宣伝ってできるんだ」と述べている。

街頭宣伝は、街中でのチラシ配りやスピーチにとどまらず、お花見などの季節のイベントにも合わせ、多様かつ柔軟に展開されている。お花見シーズンには、労働組合の仲間と共に東京では有名な井の頭公園で、寝袋をもって一晩泊まり込み、場所取りをした。「お酒の場で政治の話はタブーじゃない！」というスローガンのもと、この「お花見街頭宣伝」には予想を超える数の市民が参加した。一人一品または一本持ち寄りというルールだったが、ブルーシートには食べきれないほどのご馳走と、飲みきれないほどの量の飲み物が並んだ。そこで初めて会う人たち同士が、喧々諤々《けんけんがくがく》と政治の話をしたり、歌を歌ったり、楽しく交流し、これからも共に頑張ろうと親睦を深めた。

市民運動は個人としての参加が多いので、「顔は知っているけれど名前は知らない」「よく見かけるけれど話したことはない」ということが少なくない。そのため、この「お花見街頭宣伝」はそんな個人参加の方がたと、交流する機会の少ない労働組合の人たちとがつながる絶好の機会となり、大好評だった。

冬は忘年会シーズンということもあり、居酒屋の待ち時間に路上で署名を取ることもあった。酔っぱらいのおじさんたちが、「おう！　戦争反対だってよ！　お前もしていけ」と言いながら、数人まとまって署名をしてくれたこともある。

お正月には、東京の御茶ノ水にある神田明神という商売繁盛の神社で、熊手を買いにくる市民や参拝者をターゲットにした「初詣街頭宣伝」も行った。

街頭宣伝は、従来よくあるような、危機感を強調して闘いへの支持を訴えるというスタイルではなく、一人の市民としての思いを自分らしく表現しながら運動に参加できるように、そのハードルを下げる大事な役割があると思う。この間につくり出した街頭宣伝の進化は、市民運動を支え、裾野を広げるための一翼を担った。それは諸団体の垣根を取り払った総がかり行動の発展とともに、車の両輪のように、二〇一五年安保闘争を闘う基盤を拡大していった。

第6章

創意あふれる運動スタイルと街宣活動

統一開催された憲法集会

二〇一五年の五・三憲法集会の実行委員会が発足した。これまで憲法集会は東京の二か所で行われていた（一つは社民党・日本共産党・市民運動団体が合同して日比谷公会堂で開催、もう一つは連合系の平和フォーラムが中心となり日本教育会館で開催）が、「今年は一緒にやろうよ！」という市民からの多くの声に押され、統一して開催することに決まった。

そのこと自体はきわめて画期的なことだが、会場をどこにするかで問題が発生した。都内では大規模に集まれる場所がない。候補の明治公園は二〇二〇年東京オリンピックのための資材置き場になっていて使用できない。いろいろ探してみた結果、都内ではないが横浜の臨港パークで行うことになった。

しかし、問題はそれだけで終わらなかった。臨港パークを管理する側から、その会場からデモに出るのはダメと言われ、集会の後デモに出発することは不可能になった。毎年、憲法集会の後は必ずデモを行っていた私たちとしては、どうしても納得できない。デモをやりたかった。その時、高田健さんが言った。

「集会へ行く前にやったらどうか。結集デモという形でなら、できるのではないか」

なるほど！　その方向でいこうと決まる。さっそく私たちは「憲法集会に行こうよパレード実行委員会」をつくり、会場の臨港パーク近くの公園を到着地点とするコースを考えることになった。

一番理想的なのは、臨港パークの最寄り駅である桜木町駅から、ランドマークタワーなどの商業施設の間をぬって目的地に行くコースだ。だが、その日は恒例の大規模な「ザよこはまパレード」（国際仮装行列）と重なっていて通行止めとなり、デモは許可できないと警察から言われた。粘ったものの、断念せざるをえなかった。

次に考えたのは、桜木町の隣の横浜駅だ。ここからも臨港パークには行ける。しかし、臨港パーク側の横浜駅の出口は、大きな道路しかなく歩行の便が悪い。さらに集合場所も離れたところにある。

三番目の候補は、京浜急行の普通電車しか停まらない小さな駅の神奈川駅。駅から少し歩いたところに公園があり、そこからはマンションやスーパーマーケットの間を通りながらデモを行うことができ、少しはアピールになるかもしれない。

そこで私は、実際にデモのコースを何パターンも歩いてみて、風景・公園の状態、道路の広さなどを写真に撮った。駅から集合地点の公園までの所要時間、デモコースの時間、臨港パークまでの所要時間、案内のコース、案内の人を立てる位置などを計ったり考えたりしながら、朝から歩きまくった。

こうして「憲法集会に行こうよパレード」は、神奈川駅の近くの中央公園から出発して、臨港パーク近くの公園で解散し、そのまま歩道をサイレントお散歩パレード状態で進み、臨港パークに合流するという形に決定した。当日、朝早くからのパレードにどれだけの市民が参加するのか不安だったが、最終的に一〇〇〇人以上が参加して臨港パークに向けて歩いた。予定していた宣伝カーが二台来れなくなり、急きょトラメガを担いで宣伝カー代わりに出発するグループを組織するなど、いくつかのハプニングはあったが、なんとか成功させることができた。パレードを終えた直後、私は大あわてで本集会に合流し、司会を務めた。

この五・三憲法集会に向けては、実行委員会主催で二回、合同の街頭宣伝を行った。これまで一度もなかったことだ。この街頭宣伝は、私たちがいつもやっている「街頭宣伝を宣伝する」方式で行った。その時、私たちの街頭宣伝方式は、街中界隈《かいわい》にも一定の影響を及ぼしているのではないかと感じた。

この憲法集会に向けた宣伝のなかで新たに登場したのが、「ブックカバー宣伝」だ。街宣チームの仲間のアイディアから生まれた。「電車内の中吊り広告を行うには、お金がたくさん要るけれども、毎日移動手段で使う電車で私たち一人ひとりが、ブックカバーを使い、広告となればいい」という発想だ。このブックカバー運動は大成功。たくさんの市民の方がたが、私たちのつくったブックカバーを使用してくださり、以後の運動のなかでもさらに広がっていった。

苦渋のパフォーマンス

集会当日、例年よりかなり気温が高かった。強い日差しのもとで集会が行われ、私もすっかり日焼けしてしまった。仲間の一人も皮が剝《む》けるほど日焼けして、ゴールデンウイーク明けに「どこに行って日焼けしたの？」と職場で聞かれ、こう答えたそうだ。「海のほうに行ってまして」。たしかに臨港パークは、その名のとおり「海に臨んだ公園」なのだから、間違いではない。

この時、憲法集会では初めてのことだが、民主党・共産党・社民党・生活の党が並んで挨拶をした。そして、今では当たり前になっている、超党派で手をつなぐパフォーマンス。ここで民主党の長妻昭議員は、隣にいた日本共産党の志位和夫委員長と手をつなぐことができなかった。みんなが一斉に手をつなぎ、志位さんも手をつなごうとしたけれど、長妻さんが手を前で組んだまま、つなごうとしない。志位さんは差し伸べた手をどうしたらいいものかと、一人で空の手を振りあげる。一方、長妻さんも志位さんに手を差し伸べられて、どうしていいかわからず、前に手を組んだままだ。お互い戸惑いの表情を浮かべながらのパフォーマンスとなった。

この長妻さんの対応に、市民からの批判が続出する。でも、私は一方的に批判すべきではないと思った。今では普通になったものの、当時は民主党の議員が日本共産党の委員長と手をつなぐなんていうのは、それほど簡単なことではなかったからだ。長妻さんだって党に帰れば、「『なんで共産党の委員長と手をつないだんだ！』と怒られるかもしれない」、そんなことを一瞬のうちに考えたことだろう。「これは共同の闘いへの第一歩なのだから、まぁ大きな心で見てやろうよ」と、私は心のなかで思っていた。

五・三憲法集会は結果的に三万人以上が集まり、歴史的な集会となった。その二〇一五年五・三憲法集会実行委員会には、憲法問題だけではなく、貧困・原発・労働・教育などの問題に関わるさまざまな市民団体が加わっていた。そうした事実をしっかり受けとめながら、「総がかり行動実行委員会」は五・三憲法集会の成功を今後の闘いへとつなげていくために、さらに共同の輪を広げていった。「総がかり行動実行委員会」は、しだいに日本の社会運動の扇の要のような役割をも担いはじめていく。

街宣チームのチャレンジ

一方、街宣チームはというと、六〜七月の国会包囲行動に向けて、普段の宣伝に加え、新たな宣伝方法の開発に取り組んだ。五・三憲法集会で登場したブックカバー宣伝だけではなく、ポスティング大作戦を計画したり、国会に行こうという自主CMをつくったり、街中のみならず多様な生活シーンに合わせた形で展開していった。

自主CMではペープサート（紙人形）を使って、ショートコント風に台本を書き、それを紙人形に合わせて演じる。アコムのCM「むじんくん」をモデルに、「じゃあ、地球寄っていく!?　いいねぇ！　ご利用は計画的に」をパロディ風にして、「じゃあ、国会寄っていく!?　いいねぇ！

ご利用は地下鉄で！」と締め、最寄りの地下鉄の駅を並べた画面が出てきてエンディングとなる。これをつくるのが大変だった。なんせ、まったくの素人がつくろうというのだ。機材はおろか、場所だってない。

まず、事務所の壁に幟のポールを伸ばして、そこに脱原発の集会で使用した「さようなら原発」と書かれたボードをひっくり返し、白い部分を壁にして撮影を行った。機材は私たちのスマホしかない。ティッシュペーパーの箱を台にして固定し、さらにもう一つのスマホで音響を鳴らす。もちろん事前に、ピアノのアプリで自分たちが演奏して録音したものだ。撮影の場所は「市民連絡会」の事務所なので、電話がひっきりなしにかかってくる。録画している最中に電話の音が入ってしまい、何度も録り直しをする。画面には登場人物の紙人形しか出ていないのだが、その後ろでは何人もの人が右往左往する。白いボードを持つ人、音響の係でスマホのボタンを押す人、紙人形を動かす人、「ご利用は

自主CMの手づくり現場

新ドラマ広告風宣伝チラシ

地下鉄で」の紙や国会包囲のチラシを出す人。もう大騒ぎだった。

できあがった映像は、まさに「ザ・手づくり」っていう感じだった。ちなみに、私たちの努力が滲み出ているその映像を見て、上智大学教授の中野晃一先生は「涙が出た（涙ぐましい努力に）」とツイッターでつぶやいてくれた。

五月二〇日からは毎週木曜、国会前に集まろうという木曜行動が始まった。私たち街宣チームは、その行動を成功させるためにはどんな宣伝を展開すればいいのか考えた。ある日、私が通勤途中の車内で中吊り広告を見ていると、ちょうどTV番組が新しく切り替わる時期だったためか、新ドラマの宣伝が多かった。そこでひらめいたのが「新ドラマ広告風宣伝作戦」だ。そのアイディアを仲間たちに伝え、さっそく形にしてみた。それが「戦争法案反対国会前集会　毎週木曜日夜6時30分　5月21日スタート」と告知し、女優風の女性のイラストが描かれたチラシだ。さらに男性バージョンもつくられ、ブックカバーとしても使用できるようにした。また、ネットでの拡散用のバナーは「古畑任三郎風」や「半沢直樹風」など毎月バージョンを変えながら拡散していった。

市民団体と労働組合はいかに共存・共闘したのか

戦争法案をめぐる情勢も、しだいに緊迫の度が高まっていった。テレビなどマスコミでも取り上げられる回数が増え、法案に反対を唱える著名人も徐々に出てきた。それとともに、六月の「戦争法案廃案！　集まろう！　国会へ行動」に向け運動が本格化してきた。私は街頭宣伝活動だけでなく、「総がかり行動実行委員会」のメンバーとしての会議、「9条を壊すな！実行委員会」の会議、「市民連絡会」の会議、そして国会前などでの行動、さらには毎週の木曜行動も加わり、仕事も抱えながらの多忙な生活が始まった。

「総がかり行動実行委員会」ではプロジェクトチームを数チームつくり、役割分担を決めた。私は「プログラムプロジェクトチーム」に加わった。大きな集会を開催したり行動を起こす場合、集会の発言者や時間、集会のスタイル、進行の流れを企画し、決める必要がある。そうした役割の一端を担うことになった。どのプロジェクトチームにも、「1000人委員会」と「憲法共同センター」と「9条を壊すな！実行委員会」のメンバーがバランスよく入っている。各チームに分かれて人数が少なくなった分、密な会議になるため、それぞれの団体の性格や違いなどがはっきり出てきて、本当に勉強になった。

たとえば、市民団体の会議は個人としての参加だから、だいたい一回の会議で必要事項が決定される。会議では自由な発言も多く、時間がかかるうえに脱線してしまうことも多々ある。でも私は、それがとても面白いと思っていた。ところが、「1000人委員会」や「憲法共同センター」など多くの労働組合を基盤とした団体が入ると、なかなか一回の会議では決まらない。一度「持ち帰って検討」してから、また会議を行うのだ。そうして会議ばかりが増えていく。もう何の会議なのか、何を話し合っているのか、訳がわからなくなってしまう。運動が盛り上がっていくにつれて、そんなことが増えていった。

もう一つ驚いたことがある。労働組合のみなさんが時間どおりに帰ってしまうことだ。私たち市民団体は、その集会の盛り上がり方や、遠くから来ている人びとが残って頑張っている様子など、その場の雰囲気を見て判断することが普通だ。コールを多めにとって、終了時間を延ばしたりすることもある。ところが労働組合の方は、予定の時間になると即、帰ってしまうのだ。私たちからすれば、「夜行バスで来て前泊してまでも闘っている人たちがいるのに、一時間ほどでハイ終了とはならないだろう」という考えだ。しかし組合の方からしたら、「片づけをする人もいることだし、この時間でお願いしますと伝えたうえで動員しているのに、勝手にその場の雰囲気で解散時間は変更できない」という考えなのだ。

会議では、ただ偉い人の話を聞くだけではなく、一人ひとりが主体者として行動に参加し、しっかりと自らの声をあげていくべきだと、いつも議論になる。運動の目的が同じ方向を向いてはいても、組織としての運動と個人・市民の側の運動の形や方法が異なり、その違いをどうやって埋めていけばよいのか。このことに本当に頭を悩ませた。

それでも、労働組合という組織のなかにいても市民運動に理解を寄せてくれる人は少なくない。労働組合運動も一人ひとりがもっと主体者意識をもって取り組まなければいけないと言ってくれる人もいた。

何度も話し合いを重ねながら、「折れる、折れない」という二者択一ではなく、お互いにとって一番よい着地点を考えぬく。そうやって生まれたのが、二部制の集会形式だ。まず、一時間ほど普段どおりの集会を行う。そのあと中締めをして、第二部からは参加者主体でコールなどを中心とした集会形式にする。そうすれば、第一部で帰りたい人は帰れるし、もう少し残りたい人は残ることもできる。この形式はのちに、第一部は「総がかり行動実行委員会」、第二部は機材をそのまま預け「ＳＥＡＬＤｓ」が行うというスタイルに変わり、定着していった。

また、デモ行進についても工夫した。たとえば、野音での集会の後、銀座へのデモや国会に向けての請願デモも、労働組合は野音の会場内に入らず、はじめから外で待機し、集会が始まって一五分ほどでデモに出発する。そうすれば出発に手間取らず、時間どおりに解散できるし、解散地点では余裕をもって総括集会や団結ガンバローができる。市民は市民で、野音の会場に入って発言を聞くことができる。その後のデモも、集会中にどんどん各団体から出ていっているので、長い時間待たされずに出発できるのだ。こういったお互いのメリットを生かしながら、回を重ねるごとに、集会や国会前の行動はスムーズに行われるようになった。

警察・公安の横暴には屈しない

六月からは、国会周辺の座り込みが始まった。朝に実行委員会が集合して、幟を立て、折りたたみの簡易椅子を並べて座り込み、朝、昼、夕方と三回のミニ集会を行い、国会議員の発言報告と市民の発言、シュプレヒコールをして締めくくり、夜の行動に移動する――これが大きな流れである。その間は、座り込みの隣り同士で話をしたり、読書をして勉学に励んだり、仮眠をとるなど、自由に過ごす。また、どこからともなく、手づくりのおにぎりなどが回ってくることも楽しみの一つだ。私はそんなおにぎりを「団結おにぎり」と呼んでいた。

七月に入ってからは、座り込みの場所を国会議員会館前から国会正門前に移動した。議員会館前のほうが、打ち合わせをしたり、トイレやコンビニに行くには便利だったが、国会正門前のほうが夜の大きな国会前の行動を行いやすいからだ。

国会正門前での座り込みを始めて二日目、七月一六日の朝、事件は起きた。

私が正門前に向かっていると、なにやら騒々しい。高田健さんと麴町警察署の課長が言い争っ

歩道の鉄柵撤去で警察と揉み合う

ている。駆けつけると、なんと、国会正門前の私たちが集まったり座ったりするスペースのど真ん中に、鉄柵が置かれているのだ。これに抗議をし、撤去を求めて、朝から高田さんは麴町課長と話をしているのだった。一時間ほどの話し合いの結果、交渉は決裂。集会が始まり、国会議員の発言が終わってから、弁護士を先頭に主催者がこの鉄柵を押して撤去することになった。あらかじめ集会中に、参加者の方には柵の外に出るように声をかけ、シュプレヒコールとともに鉄柵を押したのだ。すぐに警察が止めに入り、一時は揉み合いの状態となった。しかしその後、鉄柵は警察の手によって片づけられ、午後からは通常どおり、集会や座り込みを行うことができた。

　そんな、鉄柵をめぐって大揉めをした翌日のこと。夕刻の集会を終え、夜の集会に向けて準備をしていると、夜の集会には参加せずに帰る人もい

公安警察への抗議と謝罪要求

るなか、突然、警察が横断歩道をふさぎ、帰ろうとする人の足止めを始めたのだ。夜のように、たくさん人が来てギュウギュウの状態でもないのにだ。これに抗議すると、警察側の手違いだとわかり、不当な規制は解除された。しかし、帰りたいのに帰れないという状態のなか押し問答が続いたせいで、参加者の一人が具合を悪くして倒れてしまった。その場合、普通ならば、脳出血などさまざまな可能性が考えられるため、倒れた人を動かさないのが対応の基本だ。しかし警察は、その倒れた人を引きずって歩道に上げようとしたのだ。これを見て、周りのスタッフや市民が「動かすな！」と言って警察を止めにかかった。その時、警察を止めていた高田健さんの腕を、警視庁公安がひねりあげたのだ。

それに対し高田さんは、「今の警察の対応

は最悪だぞ！　倒れた人を無理に動かして。動かそうとした奴、出てこい。どう責任をとるんだ！」と猛抗議をした。さぁ、これがきっかけで体調を悪くした仲間を救護車に乗せた後、高田さんの腕をひねりあげた公安探しが始まった。そして、ひねりあげた本人を見つけだし、謝罪を求めた。しかし公安はだんまりを決め込むが、問いつめる高田さんと公安の間に、なぜか麹町署の課長が割り込んで、「私の責任です。すみませんでした」と警察帽を取って頭を下げ謝りはじめた。私と高田さんはとっさに、持っていたトラメガで「マイクを通して謝って！　ここに集まっている市民に説明しろ！」と抗議し、トラメガのマイクを麹町署課長に押しつけた。課長は、「それは勘弁してくださいよ」と言ってひるんだ。

しかし、麹町署の課長が謝ったからといって許されるわけはない。腕をひねりあげた公安を囲み、車道で謝罪を求め続けた。

高田さん「あんたね、ひどいよ。倒れた女性をね、引きずったんだよ。それを止めようとした人の腕をひねりあげたんだよ。最低だよ。謝りなよ」

公安「……」

課長「高田さん、菱山さん、これは私が悪いのです」

私「ちょっと、あなたには関係ないでしょ。黙っててよ」

高田さん「私はあなたに訊いてるんだよ。病人が倒れていて、それを守ろうとした私の手首をねじりあげて。恥ずかしくないのか。対応もせず、ずっと黙ってて」

周りの警察たち「歩道に上がってください」
高田さん「この対応の責任はどうするんだと言っているんだ」
課長「高田さん、ここは私が責任者なので」
高田さん「今、この人と話しているんだ。こっちは一生懸命、医療関係者を探していたのに」
警察たち「歩道に上がってください！　歩道に！」
市民たち「うるさい！」
課長「高田さん、いったん車道に、車道に上がってください、あ、歩道に……」
私「とにかく、みんなにわかるようにマイクを通して説明してよ」
課長「マイクは使えません」
高田さん「私が代わりに。この人はマイクを使えないというので、私が代わりに話します。今回のことは麴町署の課長として謝ると言っています」

そういったやりとりが三〇分ほど続いた後、歩道に移動して、弁護士との話し合いをするため、この腕をひねりあげた公安が逃げないように周りの市民に見張ってもらいながら、高田さんと私はその場をいったん離れた。その間も、ずっと公安はだんまりを決め込み、市民に見張られながら、その場に立ち尽くしていた。

しかし、そんな公安を助けようともしない警察には驚いた。本来ならば、仲間である警察同士が助け合うというのが普通だと思うが、放置しているのだ。高田さんを先頭とした市民の怒りの迫力と正当性が、横暴な警察を圧倒した場面だった。

その後、弁護士が来て、後日あらためて警視庁に抗議をするということで、この件はひと段落した。

八・三〇に向けた大宣伝行動

毎週木曜の国会前行動に加えて、「総がかり行動実行委員会」は大規模な国会包囲行動を八月三〇日に行うことを決めた。その日は国会前だけではなく、全国各地において同時刻に一斉に行う連帯行動にしようと呼びかけることにした。

国会前行動の参加人数の目標は一〇万人。国会周辺にはその数が入りきらないので、結集エリアを霞が関まで広げて、ステージスポットをいくつもつくることにした。

国会を市民が埋め尽くした六〇年安保闘争の昔のモノクロ写真を、高田さんが引き伸ばしてプリントし、見せてくれた。そして言った。「この状況を再現できたらいいね」。その時、六〇年安保を超える市民の集まりを国会前と霞が関周辺でつくり出すことが、私たちの明確な目標となった。

八月三〇日の国会前一〇万人、全国一〇〇万人大行動に向けて、大宣伝を展開すべき時期に入った。街頭宣伝はもちろんのこと、ポスティング作業など生活に密着した形でできる宣伝活動を模索した。

選挙でなくとも、チラシのポスティングをすれば、新聞を購読していない層の人びとにも届くのではないかと思い立った。その企画が「一人一〇〇枚！ポスティング大作戦」である。名刺サイズにしたチラシを「総がかり行動実行委員会」のＨＰ（ホームページ）からダウンロードして、裁断し、それを配るというものだ。名刺サイズならカバンに入れてもかさばらないし、会社帰りに一駅手前で下車して運動がてらポスティングしながら帰宅することもできる。あるいは、ワンちゃんの散歩がてらに行うこともでき、いろいろな生活シーンに合わせた活動が可能になる。毎週木曜の国会前行動には参加できなくても、近所で帰り道ならば行動できるという隙間時間を狙った活動でもある。

このポスティング作戦は全国に広まり、ネット上では「今から犬の散歩とポスティング」などという投稿を見かけるようにもなった。また、印刷会社の社長さんが、余った紙を廃棄するのはもったいないということで、このポスティングのチラシを印刷して裁断し、事務所に大量に送ってくださったこともあった。おかげで、私たちの街頭宣伝の最後には必ず「お土産」と言って、ポスティングの名刺サイズのチラシがみんなに配られるようになった。

八・三〇「ハッテンサンマル」という言葉が、だんだんと広まりはじめてきた。新聞広告も何度も打った。そのたびに、連絡先になっている「市民連絡会」の事務所は電話が鳴りやまなかった。

「国会にはどうやって行けばいいですか」

8・30国会前行動に向けた街頭大宣伝

「持ち物は、どんなものを持っていけばいいでしょうか」

「九〇近いのですが、私が行っても大丈夫ですか」

「夜行バスのチケットを買いたいのですが、何時に東京に着けば間に合いますか」

ここに書ききれないほど、たくさんの質問の電話がかかってきた。

特徴的だったのは、国会前に来たことがない、あるいはデモや集会に参加したことがないという人たちが、新聞広告などを見て、勇気をもって国会に向かおうとしていることだ。明らかに市民の動きの地殻変動が起こっていると感じた。

八月二九日は前夜街頭宣伝を行い、「六〇年安保の国会前のあの映像を、今度はカラーバージョンで実現しよう」と、私は宣言した。

（実現しなかったらどうしようと思いながらも、当時は街頭宣伝を行うたびにそう話していた。）

二〇一五年安保闘争の幕が開く

そして迎えた二〇一五年八月三〇日。当日、朝から雨が降り、肌寒い日になった。私は地元・八王子から第一声をあげた。八王子の総がかり的な超党派の街頭行動で声をあげ、国会前への結集を市民に呼びかけ、そこから国会前に向かった。国会前に到着するなり、いつもの雰囲気とはまるで違う空気が漂っていると直感した。

事前に打ち合わせをしていたとおり、労働組合などの団体の人たちには霞が関エリアに集まってもらい、一般市民や初めて参加する個人の方や地方から来られた人たちには国会正門前に集まってもらうことになった。また、お年寄りや子ども連れのファミリーも安心して参加できるように、国会正門前向かいの南北に分かれる憲政記念公園を開放してもらい、そこでも集会の様子や発言の音声が聞こえるような工夫をした。それだけではない。会社や家族に内緒で国会行動に参加している人たちにも配慮し、携帯での撮影を含め一切の撮影を禁止した「肖像権保証エリア」も確保することになった。

開始時間よりも三〇分あまり早く、「ワァー！」という地鳴りのような喚声とともに、国会正門前の大きな車道に人があふれ出してきた。「怪我人だけは絶対に出してはならない」という固い決意のもと、マイクを摑んだ高田健さんが必死の訴えを始めた。

ようやく実現した4野党の手つなぎパフォーマンス

事前に鉄柵解除、車道開放を繰り返し要求してきたこと（「総がかり行動実行委員会」は何度も麴町署や本庁に申し入れに赴き、「花火大会やお祭りの時には危ないからといって車道を開放するのに、なぜデモではダメなのか」と、さんざん交渉を重ねた）、すべての責任は警察にあること、闘う市民のみなさんへの敬意、そして高齢者の参加も多いなかで決して押し合わず怪我人を出さないこと、それらを真剣に訴えた。「参加者のみなさん、実行委員会からのお願いです。絶対に前の人を押さないでください。ここで怪我人が出たら台無しです。どうか押さず、移動する時はゆっくり歩いてください。みなさんの協力に感謝します」。

この呼びかけは大きな共感の拍手をもって受け止められた。私はただちに、開会へとつなぐコールを始めた。

小雨が降る国会前は熱気に包まれていた。創価学会の三色旗まではためき、浄土真宗東西のお坊さんが一緒に集会に参加している。憲政記念公園では、お年寄りや小さなお子さん連れのお母さん、手をつないでいる若いカップルなど、さまざまな年齢・性・階層の人びとが集まり、それぞれ声をあげた。もう国会周辺は人があふれ、四方八方「人の波」。視界の先まで人の波が続いている。

この日、四野党の代表が参加した。三か月前の五・三憲法集会では、横にいた日本共産党の委員長と手をつなげなかった民主党も、この時は違った。野党四党の代表が小さなステージ台に登り、一緒になって手をつなぐパフォーマンスが実現した。

ここから、「野党結束」「野党共闘」「統一候補」などに向けた動きは加速する。

そして私たちの目標だった「六〇年安保のカラーバージョンでの再現」によって、一連の戦争法をめぐる闘いが、六〇年安保・七〇年安保と並ぶ「二〇一五年安保闘争」と名づけられることになった。

第7章

市民と野党の歴史的共同

――二〇一五年九月の闘い

雨の新宿大街宣から野音へ

二〇一五年九月に入ると、情勢はさらに緊迫した。戦争法案がいよいよ可決されようとしていた。なぜか、この九月は毎日のように雨が降り続き、一二日には鬼怒川が氾濫するなど大豪雨となった。

そんななかで、「総がかり行動実行委員会」は新宿での大規模な街頭宣伝を企画した。これは国政選挙最終日の演説会をイメージしたものだ。当日も降り続く雨のなか、五〇〇〇人の人びとが新宿西口一帯を埋め尽くした。

九月一〇日からは国会前の座り込みが始まった。そして一二日、野音にも五〇〇〇人が集まり、「戦争法案廃案！　安倍政権退陣」を訴え、大雨のなかを銀座へとデモ行進した。私は雨の新宿街頭宣伝で体を冷やしたのか、この朝、三九度近くの熱が出てしまった。しかし、この未来を左右する重大な闘いから離脱することはできない。私は解熱剤を飲み込んで集会に加わった。さらに雨のなかを傘もささずに、頭に辺野古のタオルを巻いて先頭でコールしながら、銀座まで歩き通した。

必死だった。とにかく戦争法案を止めなければいけない。私も仲間たちも、無我夢中だった。

私の九月闘争は高熱という不測の事態からスタートしたものの、地元八王子では一三日に一〇〇〇人の市民が駅前に集まり、集会を行った。

機動隊の妨害には負けない

翌日の一五日にも強行採決か、と言われていたため、市民らは朝から国会前に詰めかけた。夜になるにつれて、人があふれはじめた。しかし警察や権力の側は、なんとしてでも八・三〇のような車道開放の事態を避けたいという意図からか、集会途中から警察の装甲車が所狭しと並んで横付けし、歩道から人びとがあふれ出るのを阻止しようとした。すると、集会参加者が車道にあふれ出している途中に装甲車を配備したものだから、国会前は大変な混乱状態となった。

装甲車が車道にバラバラに停まって身動きがとれない状態になっている隙間に、歩道から車道に出た市民らが入り込む。にもかかわらず、警察側は装甲車のエンジンを止めない。そのため排出された排気ガスによって、何人もの市民が具合が悪くなってしまい、救護班が駆けつける事態となった。

国会前の向かいにある憲政記念公園の庭には、「環境保全のためアイドリングストップ」という看板が立っているではないか。わざとエンジンを止めず、集会参加者を排気ガスによって蹴散らそうとする卑劣さに、私は猛烈に腹が立った。いっそのこと、アイドリングストップを呼びかける看板をひっこ抜いて、装甲車に投げつけてやろうかと思ったくらいだ。

光に包まれた国会前の情景

こうした状況を見た警察側は翌一五日、なんと装甲車をズラッと隙間なく歩道のわきに横付けして、あらかじめ参加者が車道に出ないよう歩道に閉じ込める作戦に出た。夕方から人があふれはじめ、さらに装甲車が車道開放を妨げたために、国会前は人びとですし詰め状態になった。

そんな警察の仕打ちにも、相変わらず降り続ける雨にも、市民らは負けていない。雨合羽を着て、ビニールをかぶせたプラカードを持ったり、ビニール傘に油性のマジックペンで文字を書いてプラカード代わりにして参加する人たちが絶えることはなかった。

「総がかり行動実行委員会」では、夜の行動のために大量のペンライトを購入した。ペンライトのなかで一番安かったという理由で、熊本のゆるキャラ「くまモン」の印刷されたペンライトが参加者に配られることになった。（くまモンが「戦争法」に反対しているというわけではないが。）

集会にこのペンライトや光り物を持ってきてほしいと呼びかけたことで、夜の行動では毎晩、まるで光の渦が国会を包み込んだような一種幻想的な状態が出現した。この光り物は、警察との攻防で参加者がヒートアップした時にも役に立った。全体の様子を見ながら、高田健さんが私の横で「光り物のアピールをして」と言えば、すぐに私は「みなさん！　光り物を掲げてください！　コールをしましょう！」とアナウンスし、参加者が興奮しすぎたり攻撃的にならず落ち着いて対応するよう呼びかけた。

連日、朝早くから国会前の座り込みに行き、夜遅くに帰ってくる毎日だったので、どうしても睡眠不足になる。一分でも長く睡眠をとりたい私は、化粧落としを染み込ませたコットンをジップロックに入れて、最寄り駅から自宅までの間、そのコットンで顔をこすり化粧を落としながら帰宅する日々だった。

勝つためには「急がば回れ」

この闘いのなかで一部から叫ばれたのが、「国会に突入しろ！」という発言だった。連日の集会でコールやアナウンスをしていると、「何やってんだよ！　こんなところで話してたって、何も変わらないだろう！　国会に突入しろよ！」と怒鳴られることがある。「じゃあ、あんたが一人で突入してこい」と言いたかったが、ぐっと我慢した。

国会前は、とてもそんな状況ではなかった。ベビーカーに赤ちゃんを乗せて参加する母親、車椅子の人、白杖をついた人、手をつないでゆっくりゆっくりと歩く老夫婦……。さまざまな人びとが集まっているのだ。そんなところで、国会の高い塀を乗り越えて突入なんてできるわけがない。そんな無謀なことをすれば、怪我人どころか死者が出てしまう。そうなったら運動は続けられないし、絶対に支持も得られない。もう国会前に人が集まることもできなくなる。だからこそ、物理的な力でではなく、市民の圧倒的な声と数で国会を包囲し、その強い意思と圧力によって政府や国家の権力を追いつめ、無力化することが必要なのだ。

私は連日の闘争のなかで痛感した。「急がば回れ」の運動は、すぐには理解されないかもしれない。もどかしい気持ちにもなるし、誤解をされて仲間内から攻撃されることもある。でも、それに耐え、確実で多様な人びとが参加できる闘いの道すじ（あり方）を貫き、長く粘り強い運動を続けていくことこそが、仲間を守り広げていくことにもつながり、一番の勝利への近道なのだ、と。

「強行採決」の渦中に……

そして九月一七日。雨は止まない。寒さに震えながらも、朝から国会前に人びとは集まり、声をあげはじめた。昼になっても夕方になっても、絶え間なく人が増え続けていく。私は寒さに震えながら、通行整理をした。あまりの寒さに夕方、参議院会館で洋服を着替え乾かしている時、国会中継が騒がしくなった。あわててテレビを見る。いったい何が起きているのか……。とっさに判断ができなかった。議員たちが議長席に覆いかぶさって、騒いでいる。すぐさま私は事務所を飛び出し、タクシーをつかまえて国会正門前に駆けつけた。「1000人委員会」の戦友が叫ぶ「強行採決もどきは無効！」というコールを聞いて、戦争法案が「強行採決」されたことを知った。

その夜も、大勢の市民が雨のなかを国会前に駆けつけた。私は寒さと疲れで朦朧《もうろう》としていた。国会前のステージの周辺には、たくさん食べ物の差し入れが届いていた。この闘いの最中、仲間のご夫婦が毎日おにぎりを握って持ってきてくれている。私の主な栄養源は、このご夫婦のおにぎりだった。もうコンビニに行く気力さえも残っていなかった。

その夜の集会が始まろうとしている時だった。大混雑しているなか交通整理をしていると、やけにオーラの違う人が歩いてくる。よく見ると、俳優の石田純一さんだった。あわてて、高田さんと憲法共同センターの小田川義和共同代表に知らせ、スピーチをお願いすることになった。あの国会前での「戦争は文化じゃない」という名言は、一人の市民として集会に参加していた石田純一さんが、急きょ私たちの依頼を引き受けてくださったことから生まれたものだった。

大先輩のタフさに驚く

その日、市民団体は土砂降りの雨と雷が轟《とどろ》くなか、議員会館前に移動して泊まり込みを行った。街宣仲間がサンドイッチや紅茶を持ってきてくれた。暖かくてほのかに甘い紅茶は心身に沁《し》みて、美味しかった。

寒さに耐えられなくなると、議員面会所に避難して暖をとる。そこは持ち寄った食べ物や、雨に濡れて湿った服や靴の生乾きの匂いで充満していた。

椅子はすべて埋まっている。地べたに座って壁に寄りかかり仮眠をとろうとするが、お尻が痛くて寝られない。そのうち議会が夜中に解散となり、私たちは議員面会所から追い出された。

仕方なく小さな折りたたみ椅子に座り、傘を差しながら一晩を耐えた。雷雨の音で、なかなか寝つかれない。少しでも船を漕ごうものなら、激しい雨に肩を濡らさなければならず、結局寒くて起きてしまう。

驚いたのは、横で足に新聞紙を巻き雷雨にも負けないくらいの鼾《いびき》をかいて、雨に打たれながら高田健さんが寝ていたことだ。

高田さんは、夜が明けはじめた頃ムクッと起きだして、何事もなかったようにてきぱきと折りたたみの椅子を片づけ、ごみやその他のものをビニール袋に詰めながら動いている。一晩中ほとんど眠れず体力を消耗した私は、その姿をただただ驚きを込めてボーッと見ているだけだった。

九月一八日。早朝、私はどうしても寒さに耐え切れず、御茶の水の銭湯に行って一時間ほど体を休め、すぐに国会前に戻った。九時から集会があった。その集会を終えて、女性の仲間と共に仮眠をとることにした。

場所は組合の車のなかだ。車内の床に、ペットボトルの入った段ボール箱を解体し、それをマット代わりにして寝るのだ。トイレットペーパーが入る大きな段ボールとかではなく、ペットボトルの箱だ。当然、体が収まるわけがない。そこに身を縮こまらせて寝るのだ。

一緒に車に乗った女性は、車内に入り段ボールを物色して解体したかと思うと、ポイポイと長靴を脱いで、「臭かったらごめんね～。あら、なんだか頭のあたりがゴロゴロするわねぇ。あぁ、ペンライトか」と言い、くまモンのペンライトを首のあたりから払いのけて、さっさと寝てしまった。

私はというと、そんな車内の椅子でもなく床に寝るなんて経験したことがなかったし、せっかく洗った髪の毛が汚れてしまうのではないかと、そればかり気になる。しかも床がゴツゴツしていて、まったく眠ることができなかった。

その時、つくづく思った。六〇年安保や七〇年安保などの大闘争を経験し、長く市民運動を続けてきた人は、やっぱり体の造りや心のタフさが私とは違うなと。そして運動家に必要なのは「どこでも寝られる」ことなのではないかと、ぼんやりする頭のなかで考えた。

組合の車を出た後、昼の集会があった。そこにもまた石田純一さんが来ていた。

友だちと思いを共有する

集会には有名人だけではなく、私の高校からの友人も駆けつけてくれた。彼女とは高校卒業後も同じアルバイトをしたり、ずっとつながっていて、私の数少ない友だちの一人だった。デモや集会などに率先して行くようなタイプではないが、海外の仕事を終えて帰国した彼女は、国会前の行動に参加し、私に会いにきてくれた。

集会の合間に二人で憲政記念公園に移動し、石の階段に腰をかけて桜田門方面を見下ろしながら、いろいろな話をした。

よくバイトの後、ビールケースを椅子代わりにしている赤提灯の店で飲みながら、政治の話をした。その後、銭湯に行って熱いお湯につかりながら延々と、社会について、将来について、夢について飽きずに話し合った。新宿の危ない店に知らずに入ってしまい、ぼったくられそうになって逃げたこともあった。その友人が、連日の闘いの舞台になっている国会前にやって来て、憲政記念公園で一緒に肩を並べて話していることに、とても不思議な思いを抱いた。

彼女は彼女で、海外での仕事も多いなかで、自分の母国の行く末に大きな不安を持っていることと。さらに、そうした気持ちの問題だけでなく、何か具体的な行動に現さなくてはという思いと格闘していることを初めて知った。私のような社会運動に携わっている者にとって「行動」へのハードルは低いけれど、社会的な関心のある彼女のような人でさえ、思いを行動に移すには大変な決意と葛藤を要するのだということを、ひしひしと感じた。

国会前に毎日いると、友だちも職場も遠く感じられるのだ。おびただしい装甲車と機動隊などの国家権力と対峙して、自分もいつ逮捕されるかわからない緊迫した状況に置かれると、あたかも友だちとは生きている世界が違うかのような感覚に陥ってしまう。でも同じ日、彼女だけでは

なく、学校の先生や知人・友人がたくさん国会前に駆けつけてきた。やはり闘うというのは、決して特別なことではなく、もっともっと身近で日常的なことでなければならないと、あらためて思った。

国会の内と外との連帯感

九月一八日の夜。動員された機動隊は八〇〇〇名にものぼった。装甲車は早々と歩道に横付けされ、隙間なく埋め尽くされた。ひしめきあう人びとの熱気、飛び交うコール。それは国会に向けては怒りの礫《つぶて》だが、私たち仲間に向けては熱いエールである。

午後一一時過ぎ、「総がかり行動実行委員会」は国会正門前から議員会館前に会場を移した。議員会館前には、あふれんばかりの市民らが集まった。

国会議員が入れ替わり立ち替わり来て報告を行う。私たちもコールで応える。終電で帰る人もいたが、私はその場に残った。隣の母親たちの集まりで、コールをしている。

その向こうでは、ほかの市民の集まりがコールをしている。総がかりの市民運動団体も、状況を見ては各グループの参加者に報告を入れながら、互いに励まし合っている。国会に向かって、「野党がんばれ！」「私たちも頑張るぞ！」とコールがあがる。「野党がんばれ」なんていうコールを、市民運動をしている人間が叫ぶとは夢にも思わなかった。これまで市民運動と国会内の活動とは少し距離があったからだ。しかし「議員なんて、しょせん……」と思っていたであろう人も、この日だけは違った。みんなが国会内で頑張る野党を心から応援していた。「野党がんばれ！私たちも頑張るぞ！」という熱い思いが国会を埋め尽くした。

議員面会所では、市民らが昨日よりもさらに多く詰めかけていた。議員面会所では国会中継が見られる。そのテレビ中継で、山本太郎議員が牛歩戦術を敢行していた。それを見た市民らは一斉に声をあげた。「牛歩している！」「頭しか見えない」「おぉ！　山本太郎だ！」「がんばれ!!」議員面会所の職員が「あの、お静かにお願いします」と言いにくるなり、みんなに「うるさい！」と一喝されていた。

強行可決をめぐる攻防

日付が変わった九月一九日未明、戦争法は「成立」された。

そのさい、野党の議員は体を張って採択を阻止しようと揉み合った。その時、民主党（当時）の小西洋之議員は、「ヒゲの隊長」こと自民党の佐藤正久議員に殴られたりしていた。同じく民主党の小川敏夫議員も採択時、窓枠に足をかけて与党のつくるカマクラに乗っかり、眼鏡を落としながらも自民党の議員と揉み合っていた。野党の女性議員は超党派で「怒れる女性議員の会」と書かれたピンクのハチマキを巻き、ハイヒールを脱ぎ捨て裸足で委員会採決を阻止すべく、国会内の廊下に「女の壁」をつくって「女性の声を聞けー！」とコールしながら立ちはだかった。理事会室から隣室に通じる室内ドアも、野党が椅子で封鎖したそうだ。

戦争法強行採決への怒りのコール

こうした国会内での体を張った野党議員の頑張りは、私たち市民にもしっかりと届いた。国会内と国会外が文字どおり一致団結することができた。市民のなかから「野党がんばれ！」というコールが自然と湧きあがってきたのだ。

しかしながら、闘いは最終的に国会内の圧倒的な与党の「多数」をもって幕引きされることになった。

議員会館前では集まった仲間が身をかがめて、スマートフォンで国会中継を見ていた。野党の議員が一斉に「憲法違反」というコールを始めた。私たちも一緒になって「憲法違反」のコールを行う。暗闇の空のなか響きわたる「憲法違反」のコールは、隣のグループや他の市民グループとも一体となって広がっていった。私は自分で「憲法違反」というコールをしながら、その「憲法違反」という言葉に慄《おのの》いた。なんだか「地獄の窯《かま》」が開いたような、とんでもないことが起こってしまったのではないか、そんな感覚に陥った。

その後、野党の議員たちが国会の外に座り込んでエールを送っていた市民のもとに続々と駆けつけた。国会内の闘いを終えて疲れの滲む野党議員の姿と表情には、髪の毛の乱れとともに、一様に悔しさが現れていた。

牛舌（フィリバスター）で長時間の演説をした民主党の福山哲郎さんは、声を枯らしながら話した。

「国会内と国会外がこんなにもつながっていると感じたのは初めてだ」

戦争法案の採決が強行されたものの、国会前には、敗北感や悲しみといった雰囲気はまったくなかった。なぜなら、悲しんでいる暇も必要もないからだ。八〇〇〇人の機動隊と、おびただしい数の装甲車に守られた、国会内での暴力的な強行可決。許しがたい暴挙そのものだけれど、そこまで追い込んだのは私たち市民なのだ。だから絶対に廃止させてみせる！　そんな決意と、沸きあがる怒り、そして次なる闘いへのエネルギーが、その場一帯に満ちあふれていた。

それから数時間が経った、朝九時。連日あれほど夜を徹して闘ったにもかかわらず、国会前に再び人びとは結集した。誰一人あきらめることなく、「廃止するまで闘うぞ！」と声をあげたのだ。

第8章

生活の現場に深く根を張る

戸別訪問による署名活動

九月一九日の未明、国会内の「多数」による強行可決という暴挙で、安保法制＝戦争法は「成立」された。

この日から、市民のあきらめない不屈の闘いが始まった。あきらめないというより、「あきらめられない」というほうが正しいだろう。

「総がかり行動実行委員会」は、この九月を境に、毎月一九日には国会前に集まって戦争法廃止の行動をすること、「戦争法廃止2０００万人統一署名」という大運動を全国で展開することを決定した。これまでの歴史のなかでも、原水爆禁止署名、国鉄民営化反対署名に並ぶ日本の三大署名とも言えるような大規模な統一署名運動が始まった。それだけではない。市民らは各自の持ち場に戻り、一九日の国会前行動までの期間、自らの職場や地域で署名を集めたり、集会を行うなど精力的に動きはじめた。

署名のための戸別訪問も行おうということになった。一軒一軒インターフォンを鳴らして訪ね歩くのはかなり勇気がいるが、私も地域の仲間と共に初めての戸別訪問を行った。今まで街中で数え切れないくらいの署名活動に取り組み、ネットや新聞広告でも何回も宣伝していた。それで

も、まだまだ統一署名の存在を知らない人が数多くいることを、あらためて目の当たりにして驚いた。

この国に戦争法が成立してしまったということさえ知らず、説明をすると驚愕して、家族全員で署名をしてくれた家は、一軒や二軒どころではなかった。

ここでもまた、地道な運動の大切さを身に染みて感じた。国会包囲主義だけでは、人の心は動かせない。各々の地域の人びととの日常的な会話や触れ合いがあってこそ、信頼関係も生まれるし、政治への関心も広がっていく。そのことを灼熱のなかの戸別訪問で学ぶことができた。

戸別訪問を夜間に行った仲間たちもいる。夜八時まで頑張ったという報告とともに、「素敵な寝巻ですね」なんて言いながら署名のお願いをしたというエピソードには、大いに元気をもらった。

署名がたくさん集まってくるようになると、さまざまなドラマとめぐりあう場面がある。たとえば、署名のなかに住所がなく、名前だけのものがあった。その名前に番号が振られている。署名を提出してくれた方の兄弟の名前と、何番目の兄弟かを表す番号だった。なぜ、提出してくれた方以外の兄弟の住所が空欄だったのか。その理由は、第二次大戦で戦死して天国にいるから、というものだった。もちろん、戦死された方を署名のカウントに含むことはできない。けれども、私たちは無念にも戦争で国の犠牲になってしまった命や遺された人びとの思いを背負いながら、活動をしていかなければならないと強く思った。

街中お芝居の手づくり感

街頭宣伝も、以前にもましてパワーアップした。「総がかり行動実行委員会」は毎月第三火曜日を全国署名行動の日と位置づけ、全国各地で「この日はみんな街中に出て署名活動をしよう！」と提案した。その行動提起にもとづき、私たち街宣チームも火曜日の署名街宣に加え、月に一～二回は土日にも街頭宣伝を入れて、引き続き街中に立ち続けた。

途中からは紙芝居に加えて、三分ほどの簡単な寸劇をお面をつけて行う街中お芝居も始めた。内容は、いたってシンプル。「攻められたらどうする?」「選挙に行って何が変わるの?」「どうなるの?日本国憲法」など、街中でよく聞かれる疑問をストレートにぶつけ、それに答えるものとなっている。

登場人物は三人。「日本を守るためには武装も必要なのではないか」と考える人、素朴な疑問

街中お芝居で署名行動

を持つ若い女の子、物知りおじさんという、よくありがちな人物設定で、その会話を中心にしたストーリー展開。それが私たちの街中お芝居だ。

始めてみると、だんだん注目が集まるようになり、携帯で写真を撮っていく人も増えた。われながらナイスアイディアだったなとは思うけれど、いかんせん配役を決めるのが大変なのだ。

私たちの街頭宣伝は誰でも自由に参加できるところがウリなのだが、当日にならないと誰が参加するのか把握できない。実際に参加している顔ぶれを見て、「今日、お芝居に参加してくれない?」と、スカウトしてまわるところから始まるのだ。まあ、その辺はちょっと大変だけれど、この手づくり感と、自ら主体的に参加していると実感できるこの街頭宣伝が、私は大好きである。

街中だけではない。大きな集会の時には「荷物」としてチラシやプラカードを持って電車に乗り込み、「山手線一周街頭宣伝」という企画も実施した。

プラカードやチラシを手にして何車両かに分かれて乗り込むと、乗客からのいろいろな反応がある。ぎょっとする人、興味がないのか見ない人、のぞき込んで話しかけてくれる人、チラシをくださいと言ってくれる人、等々。隣の見ず知らずの方にも話しかけて、仲間の輪が広がるケースも。山手線一周約一時間の「旅」のなかでも、さまざまな出会いがあり、広がりも生まれるのだ。

どんなことでも始める時は、とても勇気がいるものだ。その一歩を踏み出せるかどうか。それが社会を変える大きな一歩にもなる。私は実体験を通して、そう確信している。

大好評のお花見街宣

二〇一六年の春には、前回好評だったお花見街頭宣伝を行った。

前の年は七〇名を超える参加があった。今回も、前の晩から広いスペースを確保するために陣取った。しかし、雨が降っている。井の頭公園の決まりでテントが立てられないため、私たちはブルーシートを頭からかぶり、「人間テント」となって場所取りを決行した。トイレなどで一人でも抜けると、バランスが崩れて大変だった。でも、組合関係の人や市民の仲間たちの熱気のなかで、闘いにまつわる話の花が咲いた。

当日、前回に予想を上回る人びとが参加したことをふまえて、かなり広いスペースを確保したはずだった。にもかかわらず、時間が経つにしたがって、どんどん人が増え、あっという間にすし詰め状態になった。

このお花見街頭宣伝には、憲法学者の清水雅彦さんや国会議員の福島瑞穂さんなども参加していた。また、初めてお会いする方も多く、とても幅の広い参加者との交流の場となった。そこで自己紹介にとどまらず、私たち街宣チームはいつも街頭宣伝で行っている紙芝居を披露することにした。『安保関連法って何?』や、街中お芝居の『攻められたらどうする?』など芝居シリーズ二本立てで大いに参加者を盛り上げ、他所でお花見を楽しんでいる方がたにも注目を浴びる結果となった。

普段の街頭宣伝では、署名やチラシまき、幟持ちなどで、ゆっくりとお芝居や紙芝居を見ることもなかなかできない。そうした参加者からの要望にも応えることができ、とても喜ばれた。

確保したお花見のスペースには、持参したアウトドア用の折りたたみのテーブルを設置し、そこに署名用紙とペンを置き、署名できるようにした。ほろ酔いの人が「なんだ、これ」と言いながらも、署名をしていってくれる、そんな嬉しい姿も見られた。

今年のお花見街頭宣伝も大成功だ。

参院選で野党統一が実現

二〇一六年は選挙で始まった。

一月には私の地元八王子の市長選挙があり、六月からは約二か月間、参議院選挙と東京では都知事選挙があった。

その前年に結成された「安保法制の廃止と立憲主義の回復を求める市民連合」（通称「市民連合」）は、「戦争法廃止2000万人署名」を共通の基礎とし、安全保障関連法の廃止、立憲主義の回復、個人の尊厳を擁護する政治を実現するために「野党共闘」を促すとともに、候補者の推薦や支援を積極的に行う団体として誕生した。構成団体は主に、「総がかり行動実行委員会」「安全保障関連法に反対する学者の会」「安保関連法に反対するママの会」「立憲デモクラシーの会」「SEALs」だ。

参議院選挙では、この「市民連合」が政党との接着剤の役割を果たした。ぎりぎりの調整を経て、三二か所ある一人区（何人立候補しても一人しか当選できない区域）すべてに統一の候補者を立てることができた。これは戦後初めての試みであり、歴史的な出来事だった。

これまでは野党がそれぞれ別々に候補者を立てていたため、野党支持者の票が割れ、結果的に一本化した与党に議席を奪われていたのだ。政党が各々分かれて独自の候補で戦うのは簡単なことかもしれないが、そのバラバラなものをまとめあげ統一するのは大変な作業だ。しかし「戦争する国づくり」を止めるためには、違いを乗り越えなくてはならない。バラバラでは勝てない。一本化するには、きっと多くの我慢も忍耐も必要だろう。

しかし今回は、その共同の力が大きく発揮された参議院選挙となった。一人区では野党が結束して候補者を一人に絞ることによって、票の分散を防ぐことができる。まさに与党と野党（立憲主義を擁護する四党）のガチンコ対決が始まった。

選挙の争点は何か

こうしたなかで安倍政権は、今回の選挙の持つ意味や争点をごまかし、国民の目から隠そうと奔走した。安倍首相は、年初の演説では「今回の参議院選挙は改憲の是非を国民に問う選挙だ」としていたにもかかわらず、参議院選挙が近づくにつれて「改憲」「憲法」という言葉は消えていった。その代わりに「アベノミクス」「経済」「景気」という言葉ばかりが登場するようになった。終盤にはとうとう「今回の参議院選挙では改憲は争点ではない。選挙の後に改憲の議論をしたい」とまで言いはじめ、とことん改憲論争から逃げ回ったのだ。

今回の選挙は安倍政権の任期中で最後の参議院選挙になる（その後、自民党総裁の任期は変更される予定）。安倍晋三氏の悲願とする改憲を行うためには、改憲の発議が可能になる参議院の三分の二の議席が必要なのだ。それをなんとしても成し遂げたい安倍氏にとって、大きな意味を持つ選挙である。同時に、なんとしても改憲を許さないという私たち市民や野党にとってもきわめて大事な選挙だ。しかし安倍与党は、正面から「改憲」を争点に掲げることを早々に回避し、「アベノミクスをフル稼働させる」と言い、「経済」で国民の支持を掠め取ろうとする戦術に出た。「景気回復」という淡い期待を抱かせることで集票をはかる、いつもの手口を使いはじめた。安倍政権にとって「アベノミクス」とは、まったく都合のよい「集票マシーン」にほかならない。

自民党の政策パンフレットには「憲法」の「け」の字もなく、経済政策で自民党に都合のいい宣伝キャンペーンしか載っていない。政策ＢＡＮＫという選挙公約には約二万七五〇〇文字中、二七〇文字しか憲法に触れていなかった。

さらには今回の選挙期間中、メディアで参議院選挙の報道が少なかったという問題がある。参議院選挙が始まっているというのに、ちょうど舛添都知事の「政治と金」の問題や辞任と重なり、テレビの報道は次期都知事候補の話題で持ちきりだった。トップニュースは、ほとんど都知事選のことばかり。「争点隠し」というより「選挙隠し」である。一八歳に選挙権年齢が引き下げられたにもかかわらず、今回の参議院選挙の投票率は過去四番目に低かった。選挙報道の時間は前回よりも三％少なかったらしい。

そんななかではあったが、野党の協力・共闘関係は前進していった。選挙戦も後半にさしかかると、民進党の岡田代表は公開討論会でキッパリと「憲法改悪反対」と述べ、「憲法こそが今回の争点だ」と真っ向から自民党への対決姿勢を見せるようになった。

全国的に、野党＋市民vs与党という対決構図は明確になっていった。

「選挙に行こう」キャンペーンの肝

六人区の東京では、特定の候補者を応援できない市民たちが「選挙に行こう！　憲法を守る野党に投票しよう」と、大々的な「選挙に行こう」キャンペーンを街中で繰り広げた。

中立の無党派市民たちは、今回与党の議席を一つでも減らすために、立候補している護憲野党候補者はすべて応援するという姿勢で、選挙の後方支援を行うことに決めた。

もちろん、ただやみくもに「選挙に行こう」と言っているわけではない。よく「選挙に行こうといって、自民党に入れてしまったらどうするんだ」と言われることもあるが、それで済ませることはしない。

まずは「選挙に行こう」と訴えるが、公示前には拡声器を使って特定の候補者や政党に「投票してください」と言えるため、拡声器でこう呼びかける。

「自民党の出している改憲草案のなかにある緊急事態条項は、ナチス独裁時代の全権委任法と同じなんですよ。自民党にだまされないでください。憲法を守る野党に投票しましょう」

公示後は、拡声器を使用しての投票依頼はできないため、言葉には注意が必要だ。

「自民党の行っているCMでは実質賃金が毎年二%上がっているというけれど、実際に上がっているのは国民のたった五%。つまり、九五%の人の実質賃金は上がってないということなんです。それどころか、下がっている。実質賃金は過去一〇年間で、今が最低なんですよ。自民党のウソにだまされず、本当の争点である憲法改悪に目を向け、憲法を守るため選挙に行こう」

このように自民党のごまかしを暴き、本当の争点を伝えるよう心がけた。

こうした街頭宣伝は、街中はもちろんのことだが、地元の八王子では毎朝、市内のさまざまな駅頭で続けた。選挙後半には期日前投票所の前でも行った。

選挙戦の最終日、仲間たちと期日前投票所の前で終了時間の夜八時まで街頭宣伝を行っていると、飛び入りで参加してくれた女性がいた。その腕には小さな子どもが抱かれている。子どもを抱きながら必死でチラシをまく女性の瞳には、涙が光っていた。こうしたさまざまな人びとの思いや願いを、私は痛いほど感じ取った。

安倍チルドレンの誕生を食い止めよう

前回の参議院選挙では野党は一人区で二議席しか取れなかったが、今回はなんと五倍以上の一一議席を獲得することができた。これは野党共闘＋市民の力で勝ち取った成果である。

その一一議席のうち沖縄と福島では、安倍政権が全力支援した二人の現職大臣を落選させ、野党統一候補が勝利した。また、東北地域では秋田以外のすべての一人区で議席を勝ち取った。デットヒートが予想された一人区の地域は、安倍首相自らが何度も応援に入ったものの、自公ではなく統一候補が当選した。これも今回の野党共闘の大きな成果であり、前進だ。

この参議院選挙を通して思ったことの一つは、選挙の時期だけではなく選挙が終わった後も、さまざまな場所と機会で街頭宣伝を丁寧に継続して行う必要があるということだ。今後の課題だと思う。

さらに、一〇～二〇代の政党支持率で自民党が圧倒的なトップであることも深刻に考えるべき問題だ。第一次安倍内閣の時、一番初めに行ったことは「教育改革」だった。まず教育基本法に手をつけ、改悪をはかった。その二〇〇六年当時、小学一～二年生だった子どもが、現在一八歳前後になる子たちだ。徹底した心の教育、道徳教育を受けた子どもたちは、第二次安倍内閣で一八歳に引き下げられた選挙権を持つ安倍チルドレンとして、まさに登場しつつあるのだと思う。

私の母が、ある小学校の入学式に、耳の聞こえない親御さんの手話通訳をするために行った時のこと。手話通訳をするためには、その対象の人と向き合うことが必要だ。その向かい合いの態勢をとっていると、在校生である小学六年の子どもが、母の肩を叩いて、こう言ったという。

「あの、日の丸に背を向けないでもらえますか」

安倍政権の「教育改革」は、このような形でじわじわと浸透し、成果をあげつつある。それを軽視することはできない。こうした「戦争する国づくり」と「人づくり」が進行している現実を見据えながら、憲法九条と民主主義を守り、本当に個人の尊厳が大切にされる社会をつくりあげる運動を続けていく必要がある。

市民運動と選挙の関係

そのために私たちは街頭から何を、どのように伝えていけばよいのか。その答えはやはり街中にしかないと思う。

国会前での闘いや選挙の一時的な盛り上がりも大切だろう。しかし潮が満ちて引く時のように、引き潮のほうがその力は強い。同じように、盛り上がった後に運動の波が引いていく時、どう対応するのかがとても大事だ。その時こそしっかりと地に根がかりをつくり、アンカーとなって次の波に備える。その役割を果たせるのが、私たち市民運動だと思う。

市民運動は決して選挙のプロ集団になる必要はない。「選挙」のための運動になってしまうと市民運動本来の役割が崩れて、本末転倒になる。もともと市民運動には、選挙では実現できない・変えられないこと、議会だけでは決められない・変えられないことを自ら主体的に担い実現していく役割があると思う。けれども同時に、市民も手段としての「選挙」に積極的に関わっていく段階にきているのではないか。

その意味で、政党（立憲野党）や議員たちとしっかりと連携をし、互いの持ち場での特長を生かし合いながら、相乗効果で協力・共闘関係を前に進めることが必要である。それこそが巨大な権力・利権屋などに立ち向かい、運動を発展させていくカギになると思う。

参議院選挙の四日後に始まった東京都知事選挙では、ギリギリのところで何とか統一候補として鳥越俊太郎さんが決まった。この都知事選に関しては、候補者決定のプロセスや選挙の戦い方および結果などについて、さまざまな意見や評価があることを私も知っている。問題も多々あったと思う。ただ、その選挙に関わって私が感じたのは、何事もやってみないと前に進まないということだ。これまで別々の候補者で選挙を戦ってきた各政党と市民が、今度は一緒に選挙を戦おうということになれば、当然衝突することも少なくない。地元の八王子では路上で大ゲンカをしたこともあった。しかし揉めたり、ぶつかったりしながらも、一歩でも二歩でも前に進んだという実績は、今後の運動にとってもプラスになることは間違いないだろう。

数字だけを見てあきらめるのは早すぎる。高田健さんが都知事選の終わった後に、井上ひさしさんの言葉を借りてこう言っていた。「あきらめるには希望の種が多すぎる」。まさしくその言葉のとおりではないだろうか。

雨のなかでも街頭に立つ

土砂降りの雨のなかを、屋根のあるところで傍観しながら口だけ出すのか、あるいは沈黙しながら敗北するさまをただ見ているのか。それとも土砂降りの雨に濡れながらも前に進もうとするのか。私は、どんな時も後者であり続けたいと思う。

「どうせ負けてしまうのでは」と思っても、頑張らないで負けるのと、力を尽くして負けるのとでは、負け方が全然違う。今後の勝利へとつながる負けは、たんなる負けではないと私は思っている。

共同することの醍醐味

共同の闘いは始まったばかりだ。始めてすぐに成果が出るほど簡単なものではないはず。あきらめてはいけない。これからも分裂や独自の道ではなく、あくまでも協力・共同の運動こそが「急がば回れ」の勝利に導く道であると私は確信している。

子どもから大人まで大好きなカレーだって、ニンジン、ジャガイモ、玉ねぎとルウを一緒に食べれば、お腹のなかでカレーになる、というわけではない。それと同じように、野党が一緒になったからといって、必ずしもすぐにいい結果が出るものでもない。そんな単純なものではない。

ニンニク、生姜を炒め、お肉を入れてさらに炒め、それからニンジンや玉ねぎを加えて炒め、煮込む。煮くずれないぐらいのタイミングで最後にジャガイモを入れて煮る。そして火を止めてカレーのルウを加えて馴染ませ、ようやくできあがる。具材のニンジンやジャガイモのように、各政党や市民団体だって長い長い歴史や特徴、さまざまな政治的背景がある。それを一緒にして馴染ませるには時間がかかるというものだ。その間にはたくさんの苦労も困難も待ち受けている。カレーで言えばスパイスにあたる。スパイスが効いていないカレーはコクも出ないし、味も薄い。じっくり煮込んで、煮込んで手間暇かけ、スパイスも豊富に入っているほうが、カレーも運動も後をひくほど奥深い味わいになる。

長い歴史も特徴も持った政党や組合の人たちが一緒になって共に闘いの道を歩もうとするのは、

言うほど簡単なことではない。けれども、紆余曲折を経ながら共同の枠組みは前に進みはじめた。それを市民が後押ししながら、暴走する本当の敵を見据えて、幅広く仲間を広げていくことが大事だと思う。

山を動かすには広い裾野が必要不可欠だ。選挙が終わり、これからは憲法をめぐる本格的な闘いが始まる。

第9章

生きかたとしての市民運動

「政治を取り戻す」とは

「奪われた政治を私たちの手に取り戻しましょう！」という訴えを、よく耳にする。私自身、あまり深く考えずに使っているケースもある。それは多くの場合、「利権屋から市民の手に」とか「大企業から庶民の手に」といった意味合いで使われている。

都知事選に関連していえば、かつての美濃部都政はよかった、だから「革新都政を取り戻せ！」となる。もっと遡《さかのぼ》れば、将軍から天皇への「大政奉還」、天皇から国民への「主権在民」などが、まさにそれに当たるだろう。

世界に目を広げれば、フランス革命、ロシア革命なども「政治」を封建貴族や資本家から新興ブルジョアジーや労働者農民が奪い取った出来事だ。こう見てくると、「政治」とは奪ったり奪われたりするもののように思えてくる。

革命ではなくクーデターというのもある。つい最近でも、トルコで軍の一部勢力がクーデターを試みて失敗し、現在大規模な粛清が行われているという。これは軍が一時的に権力を奪おうとするものだった。

二〇一五年安保闘争のなかでも、「政治を市民の手に取り戻そう！」と叫ばれることが多かった。そうした人びとの思いが、野党共闘にもとづく統一候補の実現へと結実したのは、なぜだろうか。それは、憲法学者のほとんどが違憲だと主張し、大半の国民がその成立を望んでいない戦争法案を、安倍政権が国会内の多数を恃《たの》んで強行成立させたからだ。その強権ぶりに、「一種のクーデター」だと弾劾する声が巻き起こった。閣議決定で集団的自衛権行使の容認をするやり方、政府の一存で憲法解釈をひっくり返すようなやり方、そして反対する者を警察権力・機動隊の力ずくで押さえつけるやり方など、まさに「一種のクーデター」だった。もしくは「多数決のクーデター」とも言えるだろう。

「政治」が私たち市民のコントロールからすっかり引き離され、完全に奪われてしまった。だからこそ、「政治を取り戻そう」という叫びが起こったのだ。専門的・学問的には詳しくないけれど、人治から法治へ、世襲から非世襲へ、王政から民主政へ、という大きな歴史の流れのなかに私たちの現在がある。私たちの闘いは、この歴史の逆流を食い止め、いっそう前に進めようとするものである。その流れを決して止めることはできないだろう。

生きることは闘うこと

よく聞かれることに、「専従じゃないの？」という質問がある。「専従」とは、社会運動とか政治活動を専門で（職業として）行う人のことだ。市民運動の特徴は、普通に仕事をしたり学校に通いながら、あるいは子育てをしながら社会運動に関わることにある。したがって「社会運動」

は、一部の市民によるものであったり、特別な活動であってはならないと私は思う。「こんな運動をしなくても済むようになれば」という声を聞くこともあるが、どんな時代であっても、どんな社会であっても自分たちの生活と権利を守り、人間が人間らしく生きていくためには、常日頃から政府や権力者に声をあげ続けることが必要だ。「闘う」ということは、特別なことでも、一定期間のみの行動でもなく、一人の市民として生涯ずっと続けていかなければならないし、それが可能になるような工夫や配慮も欠かせないだろう。「闘うことは生きること」が私のモットーだ。

だからこそ、なおさら運動することが「楽しく」なくてはならない。持続可能な市民運動を日々、楽しみながら仲間と続けていく。それが当たり前のように定着した時、「共に生きる社会」「人間らしく生きられる社会」に近づくのではないだろうか。

「生きる」＝「闘う」という考え方は、「闘い」のイメージが禁欲的で、かつ自己犠牲的で重苦しいものであれば、おそらく多くの人には受け入れられないだろう。

では「闘う」ということのイメージを変えてみたらどうだろう。私たちは日々、地球にかかる重力と闘い、さまざまなウイルスや細菌と闘い、飢えや寒さや暑さと闘い、自然災害や交通・労働災害など、生存と生活に関わるすべての面で闘っている。まさに生きることは闘いなのだ。

人はみな不正や不公平には怒り、困難や苦しみは乗り越えようと、力を合わせてよりよい関係や環境をつくり出してきているのではないか。人間は他の生物と違って高度な社会を形成し、その営みのなかで生きていく存在である以上、社会との深い関わりは当然のことなのだ。ここでいう「関わり」こそが「闘い」なのだと考えれば、そのイメージも違って見えてくるのではないだろうか。闘うということは人間の生存本能にもとづいて、無意識のうちに自らの生存と生活を成り立たせるために組み込まれた働きなのかもしれない。そう考えると、「闘い」という言葉に対する拒否感とか偏見なども少なくなるのではないか。

市民とは誰のことか

村民、町民、市民、府民、都民、国民、臣民、人民、庶民、漁民、農民……。

市民運動の「市民」とは何だろうか。その厳密な定義を私は知らないが、ただ行政単位でくくられたり、就業の種類でくくられる概念ではないだろう。その点では、人民や庶民に近い概念かもしれない。とはいっても、「絶対王政にあえぐ人民」とか「江戸の庶民」といったニュアンスとも異なる。きわめて現代的な市民社会の担い手というイメージだ。支配権力とは絶対にくっつき合わない（磁石の同極のように）距離感が特徴であり、これが失われれば市民とは言えないと思う。また、〇〇企業の労働者とか、〇〇大学の学生という各々の属性は希薄であって、重要視されない。曖昧、漠然とも言えるようなマイナスイメージがある一方で、発想や選択の幅がとても広く、個人の主体性が前面に出てくるという特質がある。

このような市民による運動は、支配的・抑圧的なものに対しては決して迎合することなく、常に独立性を保ち批判的な眼差しを忘れない。それゆえ活発で豊かな市民運動こそが、社会をよりよい方向へと変革していく原動力となりうるのだ。

憲法、戦争法、沖縄、原発、労働、教育、等々、私たちのいのちと生活を左右する重大なテーマで展開されている市民運動は、いま個別的な運動の枠を越えて、大きく「総がかり」という共同の、統一された方向に向かって発展しつつある。こうした市民運動の大合流は、必ず量的にも質的にも大きな飛躍をもたらすにちがいない。

政治風土を変えるために

私は自らの市民運動を、憲法改悪と「戦争する国づくり」を目指す安倍政権とのガチンコの対決であると同時に、安倍政権の暴走を支持し容認するこの国の政治風土との闘いとしてもとらえている。

二〇一四年七月一日、集団的自衛権行使容認が閣議決定され、憲法九条に重大な攻撃が加えられた時、私は猛烈な怒りの感情とともに、得体のしれない恐怖感を抱いた。どうすれば、この戦争に向かう流れを押し戻すことができるのか。夜も寝られないような焦りに苛《さいな》まれた。そんな時、ある駅頭で聞こえてきた「私はあきめません」という街頭宣伝に励まされ、「急がば回れ」を身をもって実践しようと決意し、そこから街頭宣伝を開始した。現在も「一〇〇〇人の素通りを一〇〇〇人の共感に」を必ず実現するんだという思いで、街頭に立っている。

街頭宣伝をする私たちを目にして、立ち止まり、遠巻きに避けていく人。差し出されたビラを、体をよじって拒否する人。受け取ったビラを見もせずに、これみよがしに捨てて靴で踏みにじっていく人。まったく無表情で、横をすり抜けていく人。――こうした光景を目の当たりにすると、私たちの訴える声が自分でも虚《うつ》ろに響き、絶望的な気分に落ち込む。しかし、そんな辛いことばかりではない。アピールの仕方や宣伝方法を工夫するにつれて、反応がどんどん変わってくるし、手応えも出てくる。そんな時は、飛びあがるほど嬉しい。落ち込んだり喜んだりを繰り返しながら、「これは政治風土との闘いだ」という確信を強く持つようになった。

「風土」というものは一年や二年でつくられるものではないし、それを変えることも一年や二年ではできないだろう。でも歴史は、いつも単調に進むとはかぎらない。一年で一〇年分くらいの変化が起きることは、いくらでもありうる。政治風土は自然とは異なり、人為的なものであるがゆえに、急速に変わることも現実に十分起こりうると思う。

日本の政治風土における大きな特徴の一つは、政治に対するタブー視。さらに個人としての主体的な意見を持とうとしないこと。そして怒り下手、表現下手。私たちの街頭宣伝活動は、このような政治風土とがっぷり四つに組み合う格闘技のようなものだ。こちらからもいろんな技を繰り出さなくてはならない。私たち自身が常に自らの「政治風土」を見直しながら、変わっていくことが求められている。

課題は多々あるけれど、私自身は街頭宣伝の手応えをしっかりと感じている。街頭宣伝は、日本の政治風土をより豊かに変える〈耕運機〉として、今後さらにその威力を発揮するだろう。

自民党の改憲草案は「個人」を完全に否定しながら、「従順で物言わぬ、天皇の臣民であれ」という時代錯誤の内容に満ち満ちている。この内容の核心は、まさに私たちが変えようとしている政治風土の賛美であり固定化そのものである。したがって街頭宣伝そのものが、安倍政権や戦前回帰勢力（「日本会議」など）とのガチンコの闘いになるだろう。ここでも私たちは負けるわけにはいかない。

これからの市民運動論

「私は一億人のなかの一人になっても、やりますよ」

これは故鶴見俊輔さんの言葉だ。私は国会前に座り込んだ時、六〇年安保闘争で同じ国会前で警官隊に手足をつかまれて排除されている写真の姿とともに、この言葉を噛みしめていた。たった一人でも声をあげることの必要性は、ますます大きくなっている。

たとえば「君が代」斉唱の場面で、同調圧力をはねのけて着席することができるのか。おそらく、同じようなシーンが、これからさまざまなところで繰り広げられるのではないか。私は小学五年の時、初めて「君が代」斉唱を拒否した。その時、心臓がバクバクし、足が震えた。子どもだった私は、先生たちのように処分のことを考えなくてもよかったし、周りの生徒たちはその意味がわからず、いじめのネタにさえできなかった。にもかかわらず、一人で闘うことの緊張感や孤独感は言葉に表せないほど強いものだった。

机と椅子を持ち担任の授業のボイコットを宣言して教室を出た時も、すごく緊張し、勇気が要った。でも、これを乗り越えると度胸がついた。こうなると、もう怖いものなしの破竹の進撃のようだった。

やはり、最初が肝心だ。たった一人の反乱が無数に出現するような状況、つまり「一人ではない」という安心感や連帯感が社会を覆い、「一人の反乱」の背中を押すような運動の構築が求められている。一人の勇気と闘いを孤立させないこと、それが市民運動の大事な役割でもある。

私はイラク戦争開戦時、アメリカ大使館前に座り込み、声を枯らして戦争反対を訴えた。しかし、イラク戦争を止めることはできず、大きなショックを受けた。無力感に襲われた。でも、そこから戦争そのものを止められなくても、落とされる爆弾を一つでも、失われる命が一人でも減らすことができればいいと、考え方を切り換えた。ただ、子どもだった私は、この認識を運動論のレベルにまで固め、適用することはできなかった。その後、すでに述べたように私は運動から遠ざかり、深い迷路でもがく時期を経験することになる。そうした体験からも、社会運動のあるべき姿を常に問い続けていく必要があると思う。

たとえば、一気に万余の人びとが立ち上がることを期待（夢想）したり、オールオアナッシング（すべてかゼロか）で運動を評価してしまい、思うような結果の出ない運動に落胆したり、燃え尽きたりするようなことがあってはならない。落とされる爆弾を一個でも減らすことには意味があるし、たとえ一人の立ち上がりでも、その行為と勇気を讃えるべきだと私は思う。その絶え間ない積み重ねと集合こそが、万余の立ち上がりや戦争そのものの阻止につながっていく。そう考えるべきではないだろうか。

この間の都知事選などで、立候補した際の決意の重さについて、「崖から飛び降りるような」とか「スカイツリーから飛び降りるような」という比喩で表現した人がいた。しかし私たち市民だって、立ち上がるには大変な勇気が要るのだ。一筆の署名をするにも、もちろん集会やデモに参加するにもだ。立ち上がることを抑え込もうとする同調圧力が、周りに分厚く張りめぐらされている。そして運動する側の責任も無視できないと思う。一般の市民に、政治は怖い、難しいと思わせてきたことはなかったか、反省することも大事だろう。

街頭宣伝においても、従来よくあったのは危機感をあおり、闘いへの決起を強い調子で迫るというものだった。これでは市民はプレッシャーを感じ、後ずさりしてしまう。これまでの運動の傾向は、往々にして心身ともに強い者が主導権を持ち、強さばかりを目指してきたのではないか。そうではなく、弱い者の弱い者による弱い者のための運動こそが求められているのであり、そのことを心すべきではないだろうか。立ち上がるためには、たしかに勇気が要る。でも高い階段を上るのではなく、可能なかぎり低い階段だったらどうだろう。ちょっとした勇気で階段を一段上ることができる。そんな環境をつくることが必要なのだと思う。そうした一つひとつの小さな成功体験が重要なのだ。

市民運動の真骨頂《しんこっちょう》は、国会前のデモや集会に大勢集まることだけではなく、自分の地域や職場でどんなに小さくても運動を持続していくことにある。オープンも予熱が必要なように、常に足元を温めている状態が大切なのだ。大きな運動のうねりを構築しなくてはならない時、ゼロから始めていては時間がかかりすぎる。地域で生活に密着した火種のような闘いが継続されていれば、強く冷たい風が私たちに吹きつけた時でも、一気に燃えあがる炎となる。その炎は燎原の火のごとく、全国の火種に飛び火し広がっていくのだ。

ただ運動というのは、どうしても情勢によって潮の満ち引きのように高揚と停滞を繰り返すもの。その場合、引き潮のほうが、その力が強い。そのためにこそ、地域の市民運動がしっかりと碇《いかり》を下ろしていることが必要なのだ。このぶれない碇があることで、次の大きな闘いにも備えができる。初めて運動に参加する市民にとっても、事情があって離れていた仲間にとっても、それが大事な目印となり、拠り所となるのだ。

「もぐら作戦」と私が勝手に名づけている運動論がある。それは国会前という政治の中枢部に万余の市民が結集することと同時に、全国各地の例えば小さな駅やスーパーなど生活の密着した場所においても多種多様な方法で運動を仕掛けるというものだ。こうした運動が全国に根づいていけば、政治風土の変化をも促し、無視できない力を持つようになるだろう。また自在に離合集散する多様な運動スタイルは、支配者側が闘いを容易には抑え込むことができず、理不尽な弾圧を許さないことにもつながるだろう。

若者の意識と可能性

現在の若者の意識状況を表す事件やエピソードを、いくつか挙げてみよう。

▽私が大学生の時、食堂の隣の席にいた女の子たちの会話――「昨日ストレスたまりすぎて、暴れ買いしちゃった」「でも、お金を使わなくっちゃ経済まわらないものね。経済に貢献したってことでいいんじゃない？　みんなが使えば戻ってくるっしょ」

▽二〇一四年一一月から一二月にかけて、神奈川県川崎市にある老人ホームで二〇代の介護職員が三人の高齢者を殺害する。

▽二〇一六年七月、神奈川県相模原市の障がい者施設で、二〇代の職員により実に一九名の入居者が殺害される。

▽東京都知事選で、立候補したヘイトスピーチ団体＝在特会（在日特権を許さない市民の会）会長の桜井誠氏が一一万票を得票し、一定の若者票を獲得したと思われる。

▽選挙権を一八歳に引き下げて行われた初めての国政選挙で、一〇代の自民党の支持率は他の世代と比べて高かった。

今、若者の就労状況は大半が非正規雇用である。しかし他方で、どんなに人権を無視するような労働条件のもとで働いていても、たまの休日にはカフェでお茶したり、大量生産された安価な洋服を買いに行って、それを写真に撮ってSNSにあげたりもする。それで、なんだか充実した生活を送っているような気分にもなったりする。私たちは日々疲れ果てていても、乏しい給料のなかからモノを消費することで、あたかも「解放」されたかのような錯覚に陥ってしまう。こうして徐々に権利意識が鈍化し、自分たちの生がモノと同じように消費されていく。

こうした生の消費主義化の傾向とともに、強まっている格差と貧困のもとで、鬱屈した一部の若者の感情が排外主義の方向に向かって吹き出しはじめているように見える。相模原市で一九名の障がい者を殺害した若い職員は、私と同年齢である。その私もまた、障がい者施設に勤務している。だが私は、障がい者の存在こそが自分の価値観をつくりあげ、社会運動を行う拠り所を確立してくれたのだと確信している。ただ、この事件のあまりの唐突さや残虐さに、社会そのものが思考停止の状況に陥っているかのようだ。いつか読んだ渡辺白泉の俳句、「戦争が廊下の奥に立ってゐた」を思い出していた。

一九二九年、各県が競ってハンセン病患者を見つけ出し隔離させるという「無らい県」運動が全国的に展開された。そして一九三一年に「癩《らい》予防法」が成立して、全国に公立療養所が配置され、すべてのハンセン病患者を入所させる体制がつくられた。この年に満州事変すなわち中国侵略が開始されたのだ。病人や障がい者を排除・隔離する政策の先に、侵略戦争を精神的に支える「神の国」思想が生み出され、気がついた時には抗《あらが》うこともできないほど巨大な力を持つに至っていた。そうした歴史を忘れてはならないだろう。

「多数決のクーデター」というような目に見える政治過程だけで政治をとらえ、運動を展開するだけでは十分ではない。社会の深部から湧きあがってくる差別主義や排外主義のうねりを押し返すだけの力を持った運動が求められているのではないか。

私も含めた今の若者は、「勉強すれば勉強するほど、働けば働くほど、生活や人生が豊かになる」という体験も持たず、そうした空気を吸うこともなく育ってきた。「もう戦争は嫌だ、九条のある憲法はありがたい」という痛切な思いを、他人事のように感じてきた。理想に燃え、政治を語ることを「イタイ」と感じ、しらけていた。

けれども、他人事だと無視したり、しらけたり、消費することによって束の間の「解放感」を感じていた若者にも社会の重圧は否応なく押し寄せ、ちっぽけな「解放感」も奪い去られようとしている。厳しい労働環境にあえぐ若者にも、さらに税や社会保障などの過重負担が覆いかぶさってきているのだ。目先の「経済成長」のために先送りされ膨れあがった「ツケ」や、年金制度の維持と称する当てのない負担だけが課せられている。こうした不公平感や被害感情が、社会保障制度の保護を受けている高齢者や障がい者に対する嫌悪や憎悪という形に転化されている。それをアベ政治やヘイトスピーチがさらに助長しているのだ。

障がい者を殺害した職員は、安倍晋三氏や橋下徹氏に対して親近感を持っていたという。

前の章で述べたように、手話通訳をする私の母に「日の丸に背を向けないでもらえますか」と言った児童のエピソードは、「日の丸・君が代」の義務化が確実に「皇国少年・少女」を生み出している現実の一端を表している。それらが「在特会」や自民党への若者の投票行動と無関係だとは言えないだろう。

排外主義は今、世界的な流れになりつつある。日本の若者の一部は、その排外主義の切っ先になろうとしているのではないか。冒頭で述べたエピソードは、たまたま起こったバラバラな事例なのではなく、相互につながりあったものだ。これがさらに増幅して、排外主義の広がりと深まりへと転じかねない。

もちろん、その流れに抗する運動も発展しつつある。香港の「雨傘革命」や台湾の「ひまわり革命」は、若者が担った社会運動だ。この日本でも、若者が情熱的に立ち上がり、私たち市民運動に合流できるような（二〇一五年安保闘争に示されたように）条件や環境を全力でつくり出さなければならない。

「弱肉強食の船」からキッパリと降りる決断をする――そこから見えてくる希望と可能性を鮮明に示す必要が、私たちにはある。自らの生き方として「共同・共生」の船に乗り換えることが、未来を自分たちの手に取り戻す唯一の道である。そのことをあらゆる場面で語り、訴え、どんなに小さな闘いの芽生えでも大事に守り、励まし、育てていくことが切実に求められているのだ。

安保法制違憲訴訟の原告になる

現在、戦争法の廃止に向けた、あきめない運動の一環として「安保法制違憲訴訟」が行われている。

私は第一次違憲訴訟の原告となった。自分は国会前の集会やデモ、街頭宣伝の場で常に機動隊など国家の権力と対峙し、揉み合っているため、いつかは逮捕され「被告」になることもあるかもしれないと覚悟している。そんな私が、国を被告席に据えて、その罪を問う原告になる。こんなことが現実に起こるなんて、本当に想像もしていなかった。でも、憲法をもってして憲法破壊を懲らしめる、「権利は行使してこそ守られる」のだと考え、原告になる決断をした。

平和的生存権の侵害による精神的苦痛に対し、損害賠償を求めるというのが訴訟内容だ。この訴訟闘争によって、あらためて闘いは生活なのだという思いを強くしている。人間は平和で安全な生活環境をつくるため、長い歴史を生き闘ってきた。闘うことは決して特別なことではなく、きわめて人間的で普遍的な営みそのものなのだ。心からそう思えるようになった。

小さな個人だって巨大な国家と対等に争える――そうした社会に今生きていること自体が素直にすごいと思う。それを保証する憲法は、さらにすごいし、誇らしいと私は見直した。

さようなら原発

いろいろなことを考えさせ学ばせ気づかせてくれるこの違憲訴訟の闘いも、最後までしっかりと取り組んでいきたい。

あとがき

私はずっと六〇年安保や七〇年安保の時代に憧れてきました。

労働組合が強くて、政治的な運動をする学生もたくさんいて、街中でも大学でも職場でも激論が交わされ、言葉があふれている空間。真っ赤な団結旗を翻《ひるがえ》し、団結ハチマキをして拳を突き上げる労働者・学生の姿。昔の映像特集で、テレビを通して見たその姿に、私は心が震えるほどの衝撃と感動を覚えました。

七〇年代のファッションにも自分の感性はピッタリとはまり、憧れを持ち続けてきました。自分でも「生まれてくる時代を間違えた！」と長年思ってきたし、「もう一度、そんな時代がやってこないかな」と密かな願望を抱いてきたのです。

しかし時代は移り、あの頃学生だった人たちはみな六〇歳を超え、戦争体験者は年々少なくなっています。ところが、戦争体験者も、六〇年安保経験者も、七〇年安保経験者も、バブル経験者も、団塊ジュニアも、私たちのようなゆとり世代や、ロスジェネ世代までもが、今、垣根を越えて同じ土俵に立ち、共同の運動をつくりあげようという壮大なチャレンジが始まったのです。

その扉を押し開いたものこそ、あの二〇一五年安保闘争だったと私は思っています。

アベ政治は改憲のための国民投票を射程に入れながら、「日本会議」などを中心にひたひたと草の根的な攻勢を強めてきています。この歴史の流れを逆行させる勢力と攻撃を迎え撃ち、押し返し、打ち倒す私たち市民の草の根運動が、今まさに決定的に求められています。そこでは、分断や相違を超えて人びとがつながるための共通の目標や価値観を鍛えあげていくことが、大きな鍵になってくるでしょう。


この本を書き始めたのは、あの二〇一五年安保闘争の年の暮れでした。

仕事や市民運動、そして選挙などで休む間もなくフル回転で動くなか、時間を削りだし、少しずつ書き継いできました。それでも、出版にこぎつけるまで一年以上かかってしまいました。「本はいつ出るの?」と首を長くして待っていただいた仲間のみなさんや、生意気にも井上ひさしさんばりの「遅筆堂」の私に根気よく付き合ってくださった編集者の小倉修さんに、感謝の気持ちでいっぱいです。

子どもの頃から、映画やドラマを観るだけではなく、実際に演じたりするのも大好きでした。また本を読むだけではなく、文章を書くことも嫌いではありませんでした。普段は街中で「声」を通して訴えることが多いので、執筆もそのような output (アウトプット) の一つとして楽しみながらやれるかなと思っていました。

ところが、いざ書き始めてみると、これまでの自分の生きかたや考えを書くという作業は想像以上に大変でした。チラシなどの文章づくりとは質も量もまったく異なり、本当に苦しく、途中で「ごめんなさい」と投げ出したくなることが何度もありました。病気を発症し、床に臥せっていたこともありました。でも、なんとかここまでたどり着くことができました。
まだ二七歳という人生経験も浅い小娘同然の私が単著を書き下ろすなんて、申し訳なく恥ずかしいかぎりなのですが、私なりに頑張って生き闘ってきた体験とそのプロセスが何かの参考になるのであれば、とても嬉しく思います。

「過去を知らなければ未来はつくれない」
この言葉を大切にしながら、これからも私は、苦しくとも希望あふれるチャレンジに、より力を込めて邁進しようと決意しています。

二〇一七年一月

菱山　南帆子

あとがきのあとがき——再版にあたっての追記

この本が出版されてから、早くも六年が経ちました。

この間、さまざまな出来事がありましたが、今回の再版にさいして、私の活動の近況を報告したいと思います。

二〇二二年四月、私は一二年間働いていた障がい者施設を退職し、前任の高田健さんの後を継いで、「許すな!憲法改悪・市民連絡会」の事務局長になりました。

これまで平日の昼間、職場で働いていた時間を、思いっきり市民運動に使えるようになり、私の運動の幅も人間関係もものすごい勢いで広がりました。「やってみよう!」が爆増し、活動量も増えて、毎日充実した日々を過ごしています。

市民運動は基本、手弁当なので、働きながら活動するのはとても大変です。ところが、海外との交流で訪れたある国では、「市民運動」が一つの職業として認知されていることを知り、とても驚きました。そこでは市民運動が社会にとって大事な活動だという認識から、企業や国が活動を支えるお金を出しているそうです。

所属するプロダクション等との契約上デモや集会に行けない著名人も、自らカンパをして活動を支援するなどのチャリティ精神が根づいており、市民運動家は日本よりもはるかに身近な存在として社会的に機能しているのです。

日本はというと、残念ながらそうした文化が乏しく、たとえばチャリティであることを謳う有名な番組ですら、しばしば商業主義的で偽善的だと評されます。

また、主に集会などでカンパしてくれるのは、実際に行動している仲間たち。それほど余裕のある生活をしている状況でもないのに、です。

富める者はより富み、貧しい者はより貧しく、肩を寄せ合いながら生きていかざるをえない——そうした社会を変えていかなければならないと、市民運動一本で活動するようになってからより強く思うようになりました。

さて、この本の出版後も、安倍政権は長期にわたって続き、安保法制「成立」以後も安倍政治的なものはどんどんと強まり、いまでは閣議決定でなんでも決めてしまうことも、「強行採決」も当たり前のようになっています。それでも市民はけっしてあきらめず、暑い日も寒い日も、雪が降る日も声をあげ続けてきました。

そして、誰もが予想してもいなかった新型コロナウィルスのパンデミック。

さまざまな運動の停滞の危機に直面しながらも、私たちはオンライン会議やオンライン集会など、いろいろな創意工夫をしながら活動を絶やすことはありませんでした。

二〇二〇年、安倍首相は国民の命と生活を全力で守るべき時に、一斉休校やアベノマスクなど的外れかつ後手後手のコロナ対策を連発し、大きく支持率を落としました。また、自らの最大の課題であった改憲も展望を失い、八月に突如、体調不良を理由に政権を投げ出しました。

その後、菅義偉氏が首相になりますが、まっ先にやったのが学術会議の人事への介入という、とんでもない反動でした。不人気を、パンケーキなどスイーツ好きをネタに「おじかわ（オジサン可愛い）」路線で回復しようと狙うも、失敗。「自助・共助・公助、そして絆」といった謎の言葉を残し、わずか一年で、安倍元首相と同じく政権を投げ出したのです。

二〇二二年七月八日には、全国に衝撃が走る事件が起こりました。安倍晋三氏の殺害です。彼の祖父、岸信介氏の代から関わりの深い、カルト集団統一協会の被害者によって、安倍氏は銃殺されました。

安倍氏が亡くなってから、まるでパンドラの箱が開いたかのように、この国の政治がカルトに侵食されていた事実が次々と発覚していきました。

岸田首相は安倍氏の「国葬」を強行しようとしましたが、「殺されたからといって安倍政治が正当化される理由にはならない」という声は日増しに強くなり、全国津々浦々まで広がっていったのです。

安倍晋三氏の「国葬」当日である、二〇二二年九月二七日。二〇一五年安保闘争の象徴的な舞台となった国会正門前には、一万五〇〇〇人が集まり、国葬反対の声が響きわたりました。

しかし安倍晋三氏が亡くなっても、安倍政治は未だ息づいています。

現在の首相である岸田文雄氏は安倍・菅両氏の攻撃的・好戦的ないわゆるタカ派的なイメージ

とは異なり、ソフトな印象で「聞く力」をアピールしながらハト派的イメージを演出し、国民の不満や追及をうまくかわそうとしています。

国会答弁では、はぐらかし作戦を続け、親子そろっての政治の私物化が明らかになるや、解散風を吹かせて矛先をずらし、野党の追及を委縮させることに成功。二〇二三年は戦後最悪の通常国会といわれるほどに、戦争につながる多くの悪法と大軍拡予算を短期間のうちに強行成立させました。

そして「安倍よりも安倍寄り」と囁かれるほどの岸田政権下で、いま憲法の最大の危機が訪れているのです。

現在三四歳になった私は、これからどのように「市民運動という生きかた」を実践していくのか、またそのような「生きかた」に共感をもって、一緒にやりたい！と思ってくれる仲間がどれだけ広がるか、それがますます重みをもって問われていると感じます。

二〇二三年一〇月五日、中野ゼロ大ホールを埋め尽くした「九条の会」の大集会。そこで「九条の会」の呼びかけ人九名のなかで最後の一人となってしまった澤地久枝さんは、舞台中央までは歩ききれず、ようやく舞台袖まで自分の足で歩き、マイクを握りながら、力強いスピーチをしてくださいました。その姿に、憲政史上、一度たりとも憲法を変えさせなかった人びとの、あきらめない闘いの歴史が詰まっていました。

私はその姿を見て心から尊敬の念を抱くとともに、大きな未来への責任を再確認したのです。

歴史は人生をつなぎあうリレーです。与えられたコースをどのように走りきれば、少しでもよい社会と暮らしを次の世代にバトンタッチできるのか。今度は私が大人の責任として頑張らなくてはならないと、あらためて決意しました。

さて、本書の出版の翌年、二〇一八年は私にとって大きな転機の年となりました。

それはフェミニズム運動との出会いです。

この年は、伊藤詩織さんの勇気ある告発があり、MeToo 運動が日本にもやってきた年でした。これがきっかけで、私はフェミニズムに目覚めたのです。

フェミニズムに出会ってから、よりいっそう女性たちの仲間が増え、不思議なことに私の笑顔も増えていきました。運動が楽しい！　こんなに笑いながら政治を語れるなんて最高！　なんで、いままで気づかなかったの？　私！

自分ではあまり自覚していなかった「女性だから」という差別に気づいた時、本当に力みかえっていた肩の力がスッとぬけたようでした。

オジサンたちの飲み会に行かないと置いてけぼりにされるのではないか、何か重要なことが決まってしまうのではないかと、常に男性主導社会に置き去りにされないように必死に運動をやっていたストレスからの解放――。

一人だったらできないことも、女たちの連帯があるがゆえに心強く前に進めていけるし、言いたいことも言えるようになり、私は以前にもましてパワーアップしています。これからも、ずっとずっとパワーアップし続けると思います。

このような実感から、フェミニズムは市民運動の〈多発・持続・集中〉力の源であり鍵であると確信するに至っています。

「イラク戦争反対！　子どもたちを殺さないで」というプラカードを掲げ、アメリカ大使館前で坐り込んで学校の宿題をしていた当時一三歳の私は、二〇二三年一〇月のいま、イスラエルによるガザ地区への攻撃に抗議する坐り込み行動の合間、イスラエル大使館前の路上で、この「あとがき」を書いています。「パレスチナに平和を」というプラカードを持ちながら。

この世界から戦争がなくなり、誰もが差別されることなく平等に人生を笑顔で謳歌できる日常を実現するために、私はこれからも街中に立って声をあげます。

最後に――

この本は、私の半生と運動論を綴っているだけではなく、少女があげた小さなこぶしをたくさんの大人が守り、応援し、一緒に闘ってくれた記録でもあります。この本がもっと多くの若者や女性たちに読まれ、広がっていってほしいと願っています。

私はいまも多くの仲間たちの支えによって、のびのびと街中に立っています。私も誰かのそんな存在になれるような生きかたをしていきたいと思います。

安心してこぶしをあげられる社会にしていくために。


（二〇二三年一一月）

写真提供（敬称略）

石井和彦
片岡遼平
川上芳明
高波　淳
三輪祐児
森　　薫（The daily olive news）

著者紹介

菱山南帆子（ひしやま なほこ）

1989年、東京都八王子市に生まれる。

小学５年の時、担任教師の差別発言に抗議して闘い、卒業式には「日の丸・君が代」拒否を貫く。中学１年の時から、イラク戦争反対などの市民運動を開始。

現在、「許すな！憲法改悪・市民連絡会」「戦争させない・９条こわすな！総がかり行動実行委員会」のメンバーとして活動。

「街中民主主義」を合言葉に、国会前の行動だけでなく、「街宣文化」の普及を目指し、精力的に市民運動を展開している。

嵐を呼ぶ少女とよばれて
——市民運動という生きかた

二〇一七年三月二〇日　第一版第一刷発行
二〇二三年一二月五日　第一版第二刷発行

著　者　菱山南帆子
発行人　小倉　修
発行元　はるか書房
東京都千代田区三崎町二—一九—八　杉山ビル三F
TEL〇三—三二六四—六八九八
FAX〇三—三二六四—六九九二
発売元　星雲社（共同出版社・流通責任出版社）
東京都文京区水道一—三—三〇
TEL〇三—三八六八—三二七五
装幀者　丸小野共生
製　作　シナノパブリッシングプレス
定価はカバーに表示してあります
落丁・乱丁本はお取り替えいたします
ISBN978-4-434-23048-6　C0036

＊はるか書房の本＊

ここから探検隊制作
10代のモヤモヤに答えてみた。
●思春期サバイバル2（Q&A編）
本体一四〇〇円

ここから探検隊制作
思春期サバイバル
●10代の時って考えることが多くなる気がするわけ。
本体一四〇〇円

ここから探検隊制作
みんなどうやってオトナになってくんだろ。
●思春期サバイバル3（インタビュー編）
本体一四〇〇円